首都圏版⑩　最新入試に対応！ 家庭学習に最適の問題集!!

雙葉小学校

2022年度版 過去問題集

〈問題集の効果的な使い方〉

①お子さまの学習を始める前に、まずは保護者の方が「入試問題」の傾向や、どの程度難しいか把握します。もちろん、すべての「学習のポイント」にも目を通してください

②各分野の学習を先に行い、基礎学力を養いましょう！

③「力が付いてきたら」と思ったら「過去問題」にチャレンジ！

④お子さまの得意・苦手がわかったら、その分野の学習を進め、全体的なレベルアップを図りましょう！

合格のための問題集

雙葉小学校

お話の記憶	1話5分の読み聞かせお話集①・②
数量	Ｊｒ・ウォッチャー43「数のやりとり」
常識	Ｊｒ・ウォッチャー27「理科」、55「理科②」
図形	Ｊｒ・ウォッチャー45「図形分割」
巧緻性	Ｊｒ・ウォッチャー25「生活巧緻性」

2017～2021年度
過去問題
掲載
＋
各問題に
アドバイス付!!

日本学習図書（ニチガク）

目指せ！合格！

家庭学習ガイド
雙葉小学校

ペーパー　巧緻性　行動観察　親子面接

入試情報

募集人数：女子約40名
応募者数：非公表
出題形態：ペーパー、ノンペーパー
面　　接：保護者・志願者
出題領域：ペーパー（お話の記憶、数量、常識、図形）、巧緻性、行動観察

入試対策

コロナ禍での試験となった2021年度の入試でしたが、試験内容に大きな変化はなく、例年通り2日間にわたって行われました。1日目にはペーパーテストと巧緻性、2日目には行動観察と親子面接が実施されています。ペーパーテストは、お話の記憶、数量、常識、図形からの出題でした。記憶力・理解力・思考力はもちろん、スピード、正確さ、一度に多くの指示を聞き取る注意力が必要なのは従来通りです。ここ数年、問題がやさしくなっている傾向はありますが、やさしくなると平均点も上がる傾向にあるため、ケアレスミスは禁物です。また、以前の入試を思わせるような難問が出題されることもあります。分野的にだけでなく、難度的にも幅広い出題となっているので、基礎から応用まで対応できる深い理解力が求められます。

●巧緻性の問題では、ひも結びや箸使いなど、生活に密着した課題が頻出しています。

●例年、両親と志願者という形で行われていた親子面接ですが、2021年度は保護者1人と志願者という形でした。志願者への質問は1つのテーマで掘り下げていく形を中心に進められました。

●行動観察では、コミュニケーション能力が評価対象になっています。指示を理解して実行することはもちろん、はじめて会うお友だちに自分の考えを伝え、相手の意見や主張も尊重できるようにしましょう。

●当校は志願者数が非公表ですが、倍率は10倍を超えると言われています。ペーパーだけでなく、生活面、面接対策もしっかり行って、万全の準備で臨みましょう。

「雙葉小学校」について

〈合格のためのアドバイス〉

本校の求める「年齢相応の躾、生活習慣、考える力のある児童」を見極めるため、コロナ禍でも大きな変化はなく、多角的な内容で行われました。幅広い分野からの出題があり、複数の指示や複雑な指示がある設問もあります。以前に比べればやさしくなってきているとはいえ、難度の高い問題も見られます。ペーパーテスト対策としては、幅広い分野（お話の記憶、数量、常識、図形など）の学習を進めることに加えて、複合的な問題にも対応できるようにしておく必要があります。

また、解答時間がやや短めに設定されているので、ふだんから素早く判断することを意識した学習を心がけ、考査本番で慌てないようにしてください。小さな見直しをこまめにする習慣を付けることも効果的です。

難問と言われる問題が出題されることが当校の特徴でもありますが、そのほとんどが指示の複雑さによるものです。戸惑うことなく正解するためには、基本的な処理を素早く正確に行うことが大切です。そのためにも、指示を的確に理解できるよう、練習しておいてください。

例年、面接は両親が揃った親子面接の形式で行われていましたが、2021年度入試では保護者のどちらか１人と志願者という形になりました。志願者と保護者が相談をして回答するという課題が面接の中で出題されるので、自然なコミュニケーションがとれるように日常生活の中での会話を心がけてください。

〈2021年度選考〉

〈１日目〉
◆ペーパーテスト
◆巧緻性
〈２日目〉
◆行動観察
◆保護者・志願者面接

◇過去の応募状況

2021年度	非公表
2020年度	非公表
2019年度	非公表

〈本書掲載分以外の過去問題〉

◆常識：色が変わる花を選ぶ。［2016年度］
◆推理：すごろくで１番早くゴールする動物を選ぶ。［2016年度］
◆図形：パズルで使わないパーツを選ぶ。［2016年度］
◆巧緻性：ビンの蓋を外して空いているお皿に載せる。［2016年度］
◆行動観察：レストランごっこ。［2016年度］
◆図形：折り紙を折って、一部を切り取って広げた時の正しい形を選ぶ。［2015年度］
◆常識：昔話に出てこないものを選ぶ。［2015年度］
◆行動観察：忍者ごっこ。［2015年度］

㊢ 先輩ママたちの声！

◆実際に受験をされた方からのアドバイスです。
ぜひ参考にしてください。

雙葉小学校

・志願者数は非公表でしたが、受験番号を見ると、40名の定員に400名以上の志願者があったようで、あらためて倍率の高さを感じました。

・子どもが行動観察の試験を受けている間、保護者は別室で待機します。多くの方が、その後に控える親子面接に備えて、準備した書類などを出して静かに読んでいらっしゃいました。

・問題がやさしくなっているという話もありますが、そうなると平均点も上がるので油断はできません。

・解答時間が短めなので、制限時間内に解く練習が必須です。

・年中くらいから準備をしないと間に合わないということを痛感しました。自立心や理解力が高い子が合格しているように感じました。

・面接では、内容云々よりも親子のコミュニケーションが重視されているように感じました。

・試験の内容に大きな変化はありませんでしたが、面接が両親からどちらか１人になったので大きな責任を感じました。

・先生方は、とても穏やかで話しやすい雰囲気でした。

・カトリック教育と女子校のメリットとデメリットについては、しっかり考えておいた方がよいと思います。

・ふだんから、親としての立ち居振る舞いを意識しておく必要があります。

・受付終了の25分くらい前に控室に入りましたが、すでに大半の方が着席していました。

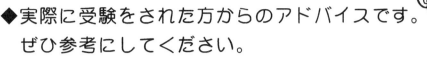

雙葉小学校

過去問題集

〈はじめに〉

現在、少子化が叫ばれているにもかかわらず、私立・国立小学校の入学試験には一定の応募者があります。入試は、ただやみくもに学習するだけでは成果を得ることはできません。志望校の過去における出題傾向を研究・把握した上で、練習を進めていくこと、その上で試験までに志願者の不得意分野を克服していくことが必須条件です。そこで、本問題集は小学校を受験される方々に、志望校の出題傾向をより詳しく知って頂くために、過去に遡り出題頻度の高い問題を結集いたしました。最新のデータを含む精選された過去問題集で実力をお付けください。

また、志望校の選択には弊社発行の「2022年度版　首都圏・東日本　国立・私立小学校　進学のてびき」をぜひ参考になさってください。

〈本書ご使用方法〉

◆テスターは出題前に一度問題を通読し、出題内容などを把握した上で、〈準　備〉の欄に表記してあるものを用意してから始めてください。
◆お子さまに絵の頁を渡し、テスターが問題文を読む形式で出題してください。問題を読んだ後で、絵の頁を渡す問題もありますのでご注意ください。
◆「分野」は、問題の分野を表しています。弊社の問題集の分野に対応していますので、復習の際の目安にお役立てください。
◆一部の描画や制作、常識等の問題については、解答が省略されているものがあります。お子さまの答えが成り立つか、テスターが各自でご判断ください。
◆〈時　間〉につきましては、目安とお考えください。
◆解答右端の［〇年度］は、問題の出題年度です。［2021年度］は、「2020年の秋から冬にかけて行われた2021年度入学志望者向けの考査で出題された問題」という意味です。
◆学習のポイントは、指導の際にご参考にしてください。
◆【おすすめ問題集】は各問題の基礎力養成や実力アップにお役立てください。

〈本書ご使用にあたっての注意点〉

◆文中に **この問題の絵は縦に使用してください。** と記載してある問題の絵は縦にしてお使いください。
◆〈準　備〉の欄で、クレヨンと表記してある場合は12色程度のものを、画用紙と表記してある場合は白い画用紙をご用意ください。
◆文中に **この問題の絵はありません。** と記載してある問題には絵の頁がありませんので、ご注意ください。なお、問題の絵の右上にある番号が連番でなくても、中央下の頁番号が連番の場合は落丁ではありません。
下記一覧表の●が付いている問題は絵がありません。

問題1	問題2	問題3	問題4	問題5	問題6	問題7	問題8	問題9	問題10
						●	●	●	
問題11	問題12	問題13	問題14	問題15	問題16	問題17	問題18	問題19	問題20
						●		●	
問題21	問題22	問題23	問題24	問題25	問題26	問題27	問題28	問題29	問題30
				●	●	●			
問題31	問題32	問題33	問題34	問題35	問題36	問題37	問題38	問題39	問題40
			●	●					
問題41	問題42	問題43							
	●	●							

〈雙葉小学校〉

※問題を始める前に、冒頭の「本書ご使用方法」「本書ご使用にあたっての注意点」をご覧ください。
※本校の考査はサインペンを使用します。間違えた場合はギザギザ線（ ）で訂正し、正しい答えを書くように指導してください。

保護者の方は、別紙の「家庭学習ガイド」「合格ためのアドバイス」を先にお読みください。当校の対策および学習を進めていく上で、役立つ内容です。ぜひ、ご覧ください。

2021年度の最新問題

問題1　分野：お話の記憶

〈準備〉　サインペン（青）

〈問題〉　**この問題の絵は縦に使用してください。**
お話をよく聞いて、次の質問に答えてください。

今日はクマさんが楽しみにしていた遠足の日です。クマさんが朝起きて外を見ると、昨日まで降っていた雨もすっかりやんで、とってもいい天気です。「やった～、晴れたよ」とお母さんに言うと「よかったね。遅刻しないように早く準備をしなさい」と言われました。遠足のお弁当はクマくんの大好物のおにぎりです。お母さんが早起きして作ってくれました。着替えをして台所に行くと、お父さんと弟と妹が朝ごはんを食べるところでした。朝ごはんを食べ終えると、まだ少し早いですが学校に向かうことにしました。遠足は、学校に集合してからバスで目的地の親子山に行くのです。
早く家を出たので１番乗りだと思っていたクマさんでしたが、もうウサギさんが着いていました。「早いねウサギさん」と言うと「楽しみで早起きしちゃった」とウサギさんが答えました。話をしていると、ネコさんとタヌキさんも着きました。あとはサルさんだけです。集合時間ギリギリになってサルさんが走ってきました。「お弁当を忘れて取りに帰ったらこんな時間になっちゃった」とサルさんが言うと、みんな大笑いです。
遠足に行く親子山は大きい山と小さい山が２つ重なっているのでそう呼ばれています。みんなが今日登るのは小さい山の方です。上級生になると大きい山に登ります。ネコさんが「大きい山に登りたかったな」と言うと、タヌキさんは「大きい山は大変なんだよ。まだ僕たちには無理だよ」と答えました。小さい山でも楽ではありません。みんな一生懸命登ってようやく頂上に着きました。頂上では楽しみにしていたお弁当を食べます。ウサギさんはサンドイッチ、ネコさんのおかずは唐揚げ、タヌキさんはエビフライ、サルさんはウインナーでした。
クマさんはお弁当を食べ終えて、頂上からのきれいな景色を見ていると、今度は家族で来たいなと思いました。

（問題１の絵を渡す）
①遠足の日はどんなお天気だったでしょうか。選んで○をつけてください。
②学校に１番早く着いたのは誰だったでしょうか。選んで○をつけてください。
③遠足に行った山はどんな形だったでしょうか。選んで○をつけてください。
④クマさんはどんなお弁当を持っていったでしょうか。選んで○をつけてください。
⑤クマさんの家族は全部で何人でしょうか。四角の中にその数の分だけ○を書いてください。

〈時間〉　各15秒

問題2　分野：数量（数のやりとり）

〈準備〉　サインペン（青）

〈問題〉　パンダさんとウサギさんは☆が描かれたカードを３枚ずつ持っています。

①パンダさんの左のカードとウサギさんの真ん中のカードを交換しました。パンダさんの持っているカードの星の数は全部でいくつになるでしょうか。その数の分だけ下の四角の中に○を書いてください。
②次に、ウサギさんの左のカードをパンダさんの真ん中のカードと交換しました。ウサギさんの持っているカードの星の数は全部でいくつになるでしょうか。その数の分だけ下の四角の中に○を書いてください。
③最後に、ウサギさんの右のカードをパンダさんにあげました。パンダさんの持っているカードの星の数からウサギさんの持っているカードの星の数をひくといくつになるでしょうか。その数の分だけ下の四角の中に○を書いてください。

〈時間〉　各30秒

問題3　分野：常識（理科、日常生活）

〈準備〉　サインペン（青）

〈問題〉　**この問題の絵は縦に使用してください。**
上の段の絵と関係のある絵を下の段から選んで線でつないでください。

〈時間〉　各30秒

問題4　分野：図形（同図形探し）

〈準備〉　サインペン（青）

〈問題〉　それぞれの段の中で同じ絵を見つけて○をつけてください。

〈時間〉　各20秒

問題5　分野：図形（点図形・模写）

〈準備〉　サインペン（青）

〈問題〉　左の形と同じになるように右の四角の中に線を引いてください。

〈時間〉　各30秒

問題6　分野：図形（図形分割）

〈準備〉　サインペン（青）

〈問題〉　１番上の段を見てください。左の形を２つくっつけると右の形を作ることができるので、右端の四角の中に○を２つ書きます。同じように１番上の段の左の形をいくつくっつけるとそれぞれの形になるかを考えて、右の四角の中にその数の分だけ○を書いてください。

〈時間〉　各30秒

問題7　分野：巧緻性

〈準備〉　透明なボウル２個、木のブロック（１cm程度の大きさ）15個程度、箸

〈問題〉　**この問題の絵はありません。**
お箸を使って、木のブロックが入っているボウルから、何も入っていないボウルに木のブロックを移動してください。

〈時間〉　１分

問題8　分野：行動観察

〈準備〉　折り紙、マーカーペン、模造紙
※６人程度のグループで行う。

〈問題〉　**この問題の絵はありません。**
【ものまねゲーム】
・赤、青、黄色などの丸いシートが２つずつ床に置いてある。
・好きな色のシートのところに行く。
・先生が指示した生きもののまねをしながら、同じ色のシートのところまで移動する。

【集団ゲーム】
・３つの島があり、それぞれの場所で決められた遊びをする。
・「折り紙の島」では、自由に折り紙を折る。先生から何を作っているか聞かれることもある。
・「しりとりの島」では、順番にしりとりをする。挙手をして、みんなが「どうぞ」と言ってから答える。
・「絵の島」では、○△□の形を使って模造紙に絵を描く。みんなで描くものを相談して決める。最後に使ったマーカーペンを片付ける。

〈時間〉　45分程度

家庭学習のコツ①　「先輩ママのアドバイス」を読みましょう！

本書冒頭の「先輩ママのアドバイス」には、実際に試験を経験された方の貴重なお話が掲載されています。対策学習への取り組み方だけでなく、試験場の雰囲気や会場での過ごし方、お子さまの健康管理、家庭学習の方法など、さまざまなことがらについてのアドバイスもあります。先輩ママの体験談、アドバイスに学び、ステップアップを図りましょう！

問題9 分野：親子面接

〈準 備〉 なし

〈問 題〉 **この問題の絵はありません。**

【保護者へ】
・志願者のお父さま（お母さま）はどんな方ですか。
・当校との出会いについて教えてください。
・カトリックについてどんな考えを持っていますか。
・女子校についてどう思いますか。
・緊急事態宣言が出ている間、ご家庭でどんなことをしていましたか。

【志願者へ】
・お名前を教えてください。
・今日はどんなことをしましたか。
・今年はお休みがたくさんあったと思いますが、その間どんなことをしていましたか。
・あなたにとって大切な人は誰ですか。たくさん言ってください。
・その中で１番大切な人は誰ですか。
・なぜその人が１番大切なのか保護者の方とお話して理由を教えてください。

〈時 間〉 ７～８分程度

家庭学習のコツ② **「家庭学習ガイド」はママの味方！**

問題演習を始める前に、試験の概要をまとめた「家庭学習ガイド（本書カラーページに掲載）」を読みましょう。「家庭学習ガイド」には、応募者数や試験課目の詳細のほか、学習を進める上で重要な情報が掲載されています。それらの情報で入試の傾向をつかみ、学習の方針を立ててから、対策学習を始めてください。

問題1

①

②

③

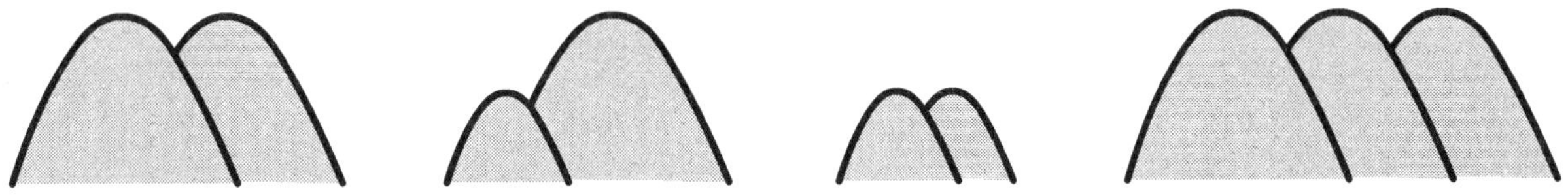

④

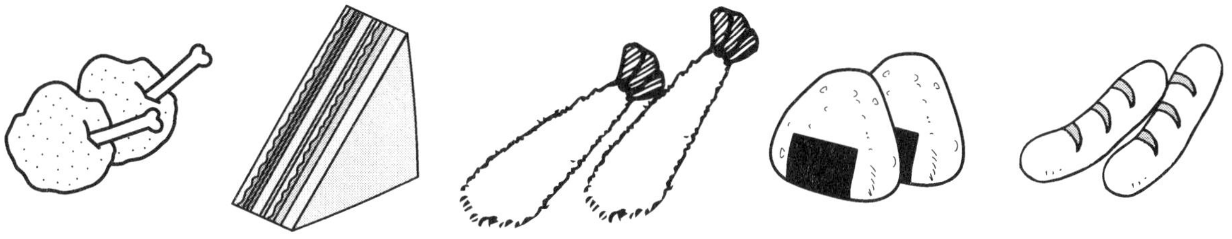

⑤

2022年度 雙葉 過去 無断複製／転載を禁ずる 日本学習図書株式会社

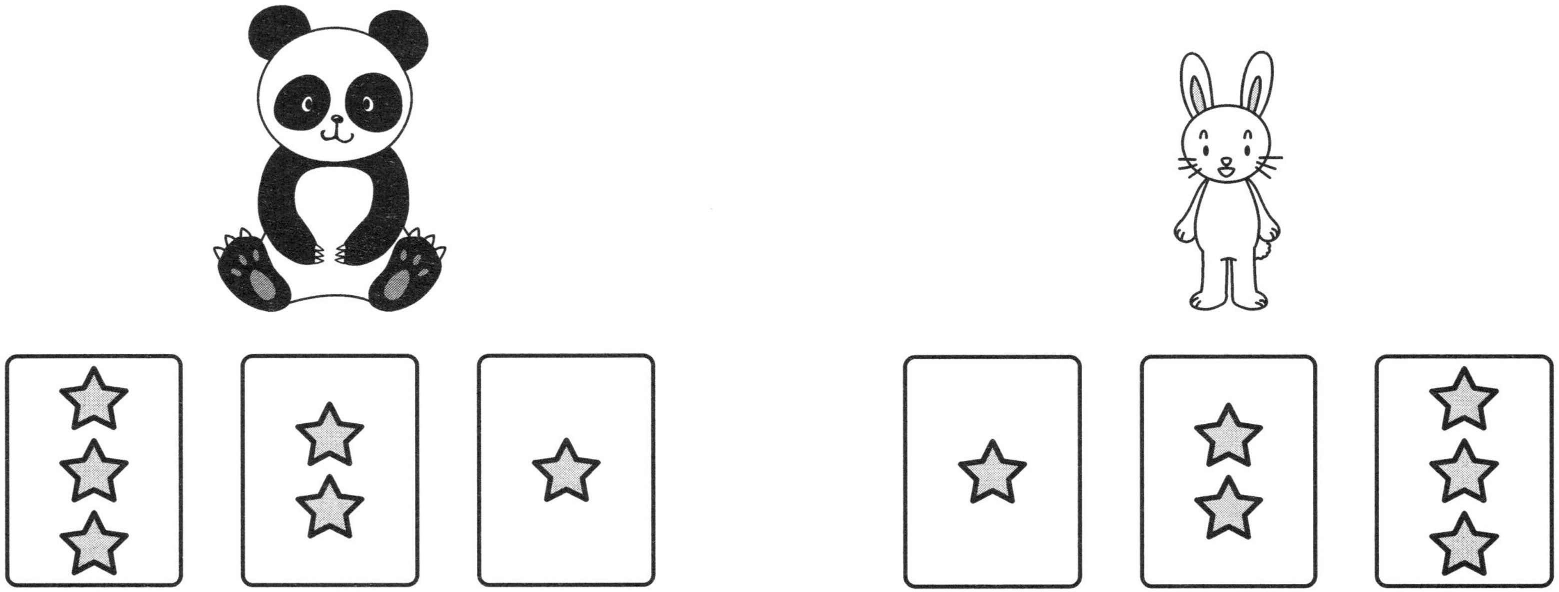

問題3－1

①

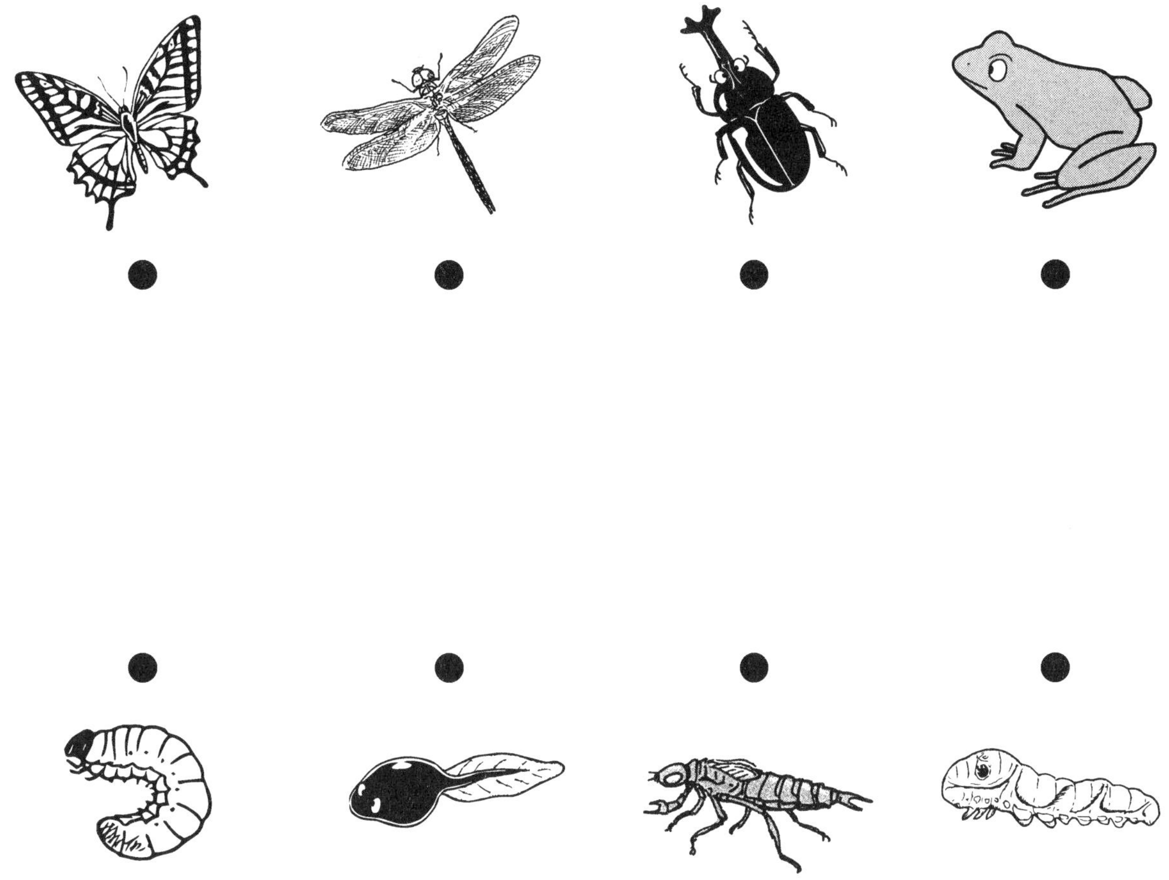

②

問題3－2

③

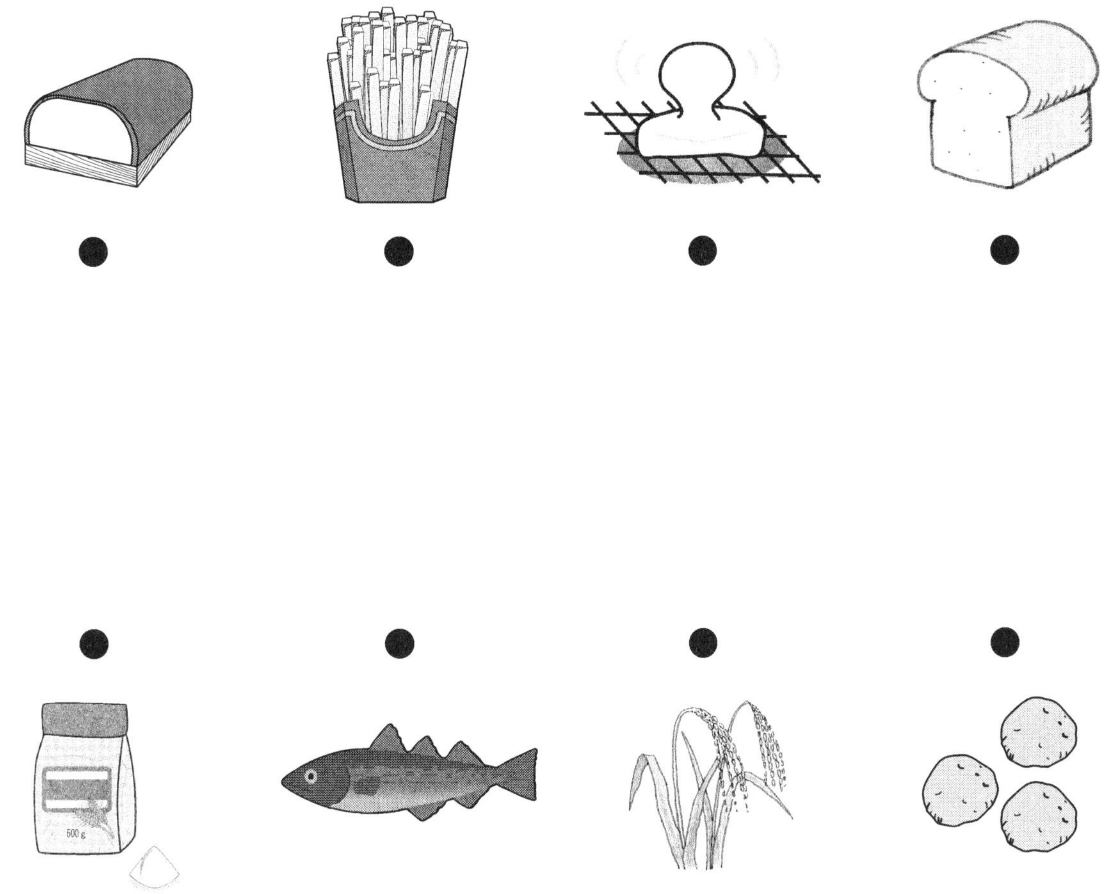

④

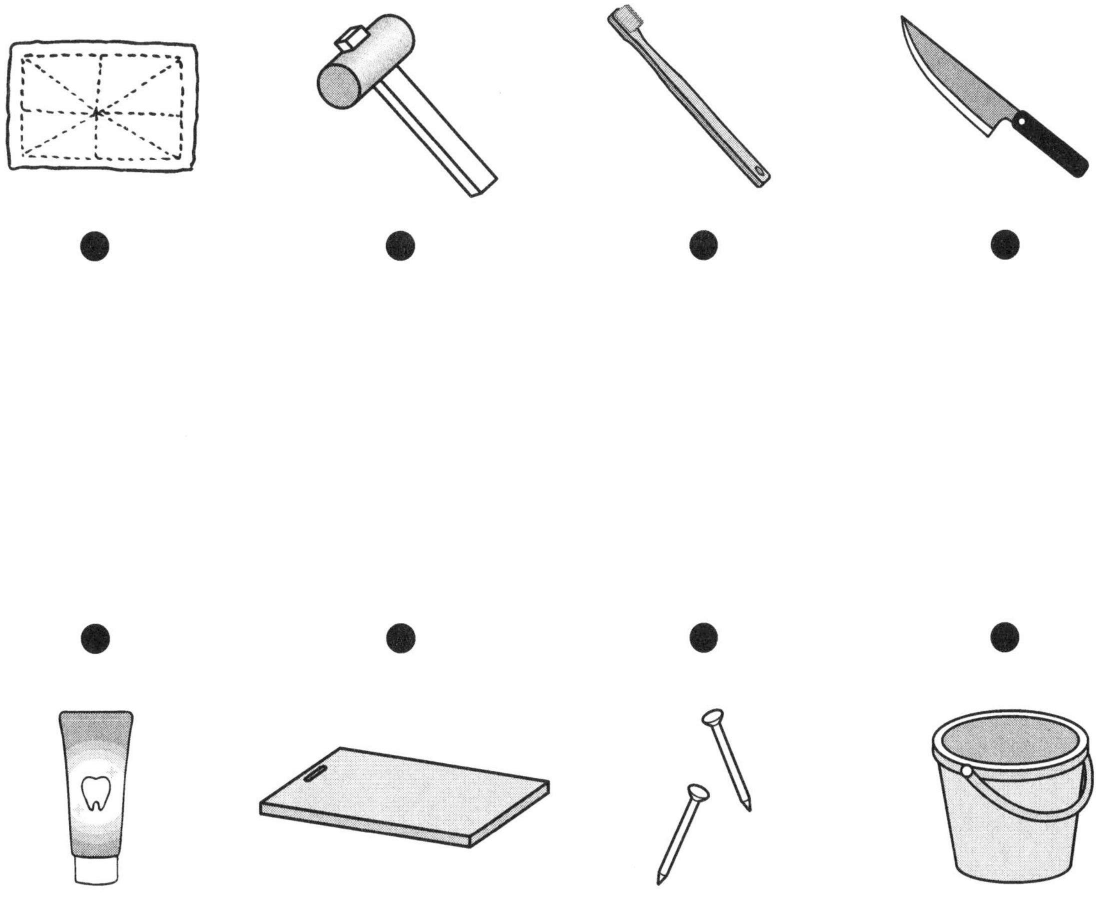

問題 4

①

②

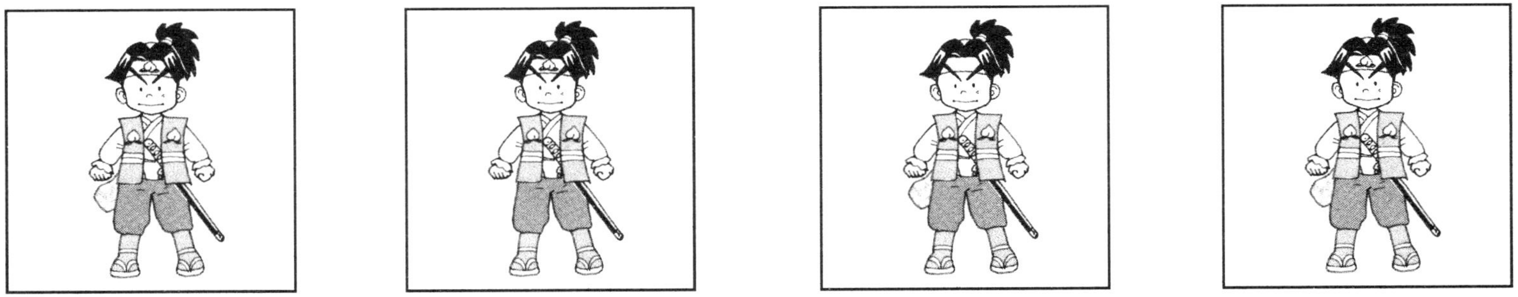

③

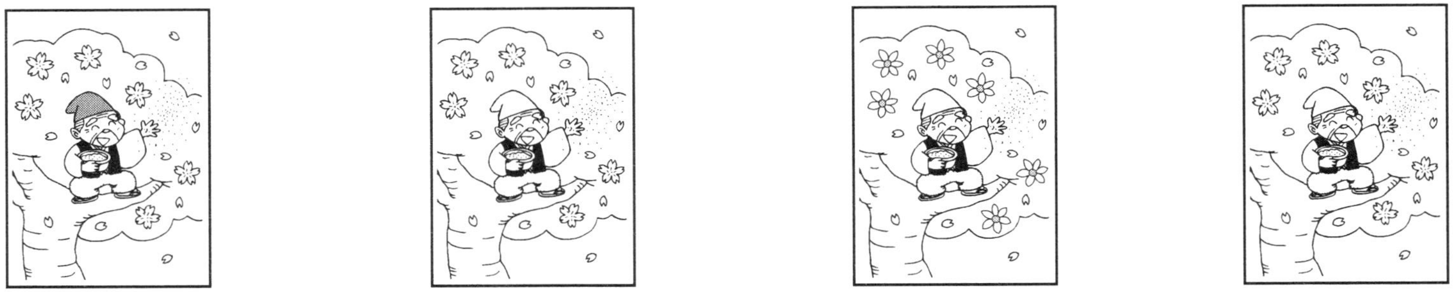

④

問題5

①

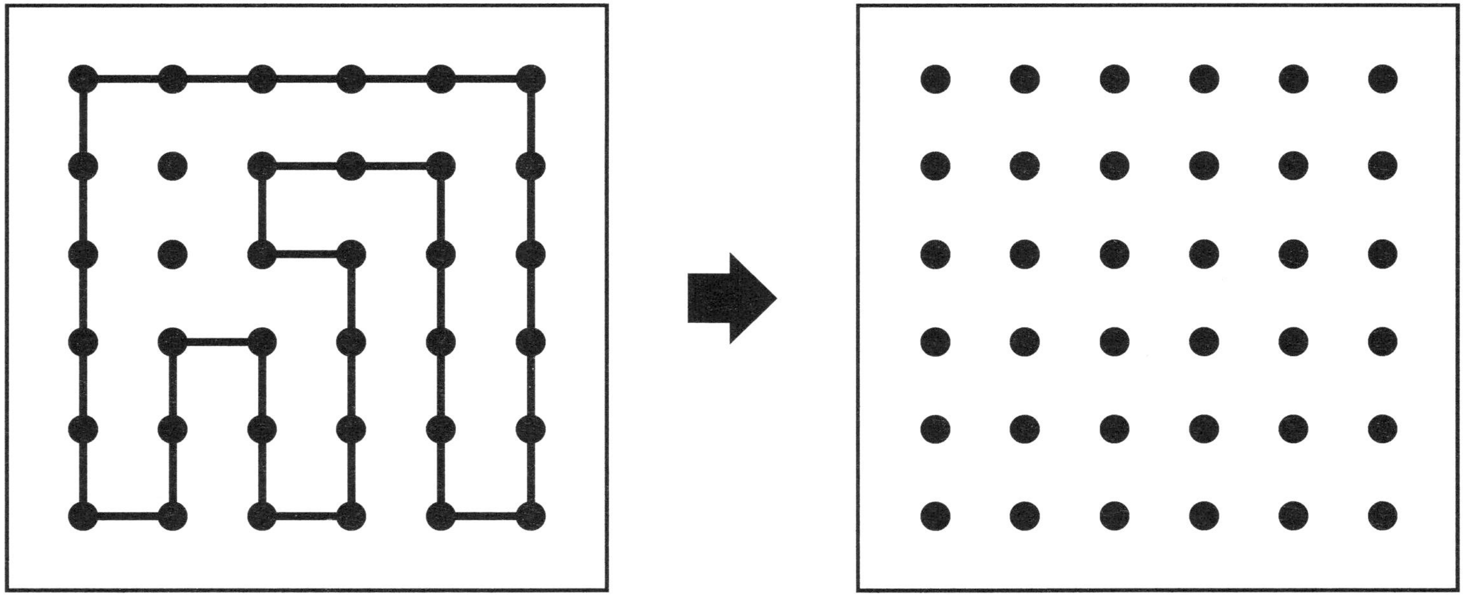

②

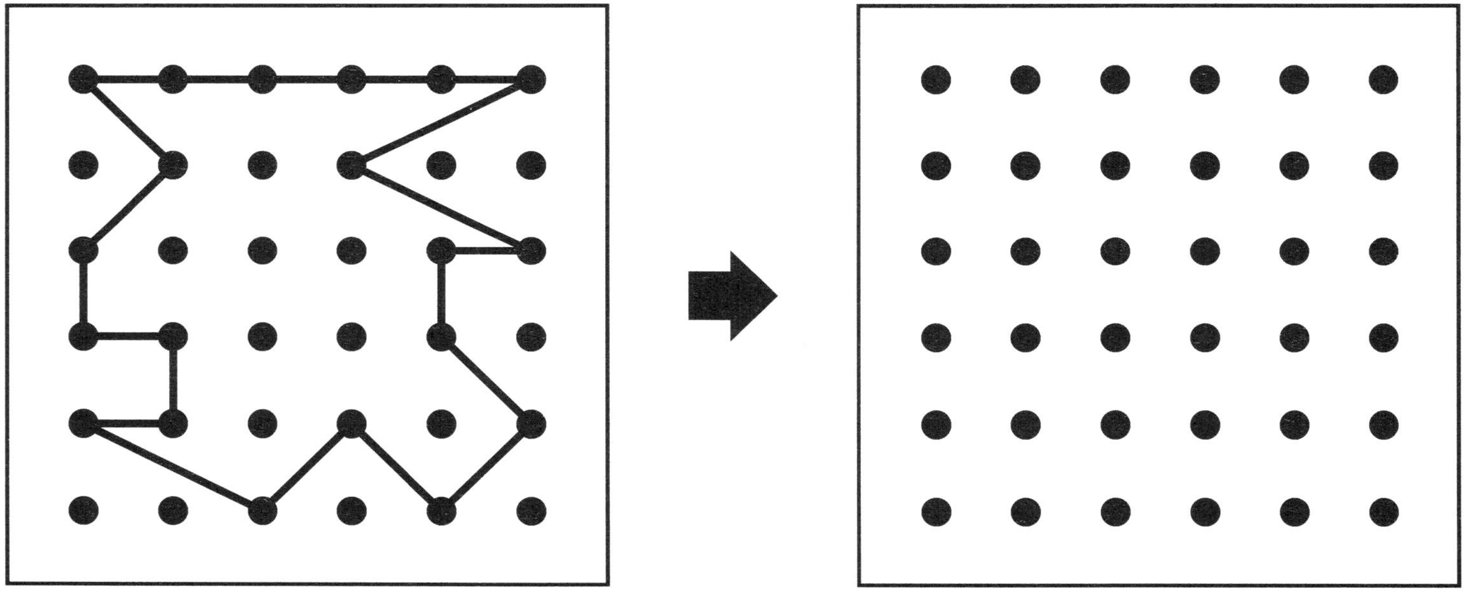

問題6

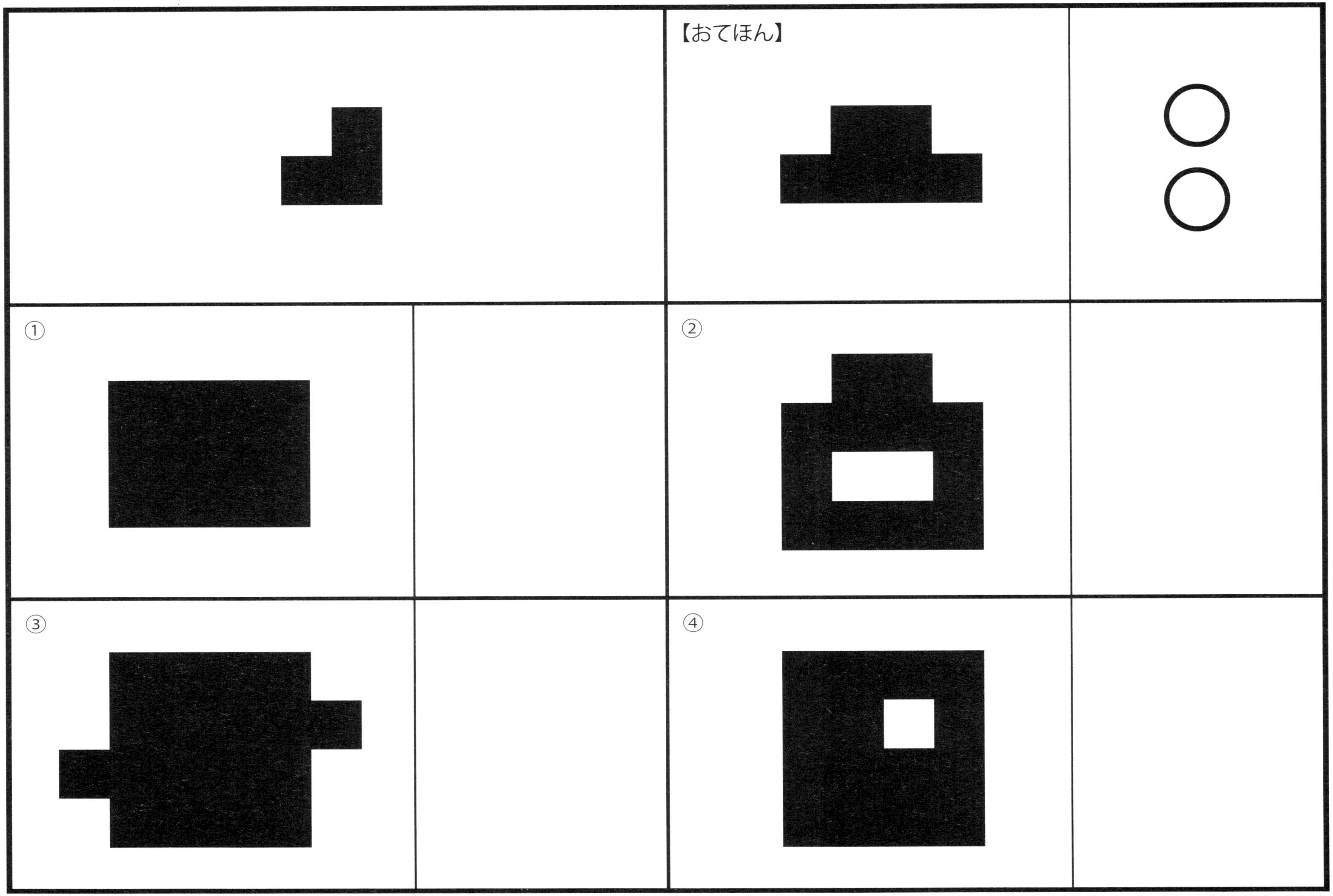

2021年度入試
解答例・学習アドバイス

解答例では、制作・巧緻性・行動観察・運動といった分野の問題の答えは省略されています。こうした問題では、各問のアドバイスを参照し、保護者の方がお子さまの答えを判断してください。

問題1　分野：お話の記憶

〈解 答〉 ①左から２番目（晴れ） ②右端（ウサギ） ③左から２番目（親子山）
④右から２番目（おにぎり） ⑤○：５

お話の長さ、問題の難しさともにオーソドックスなお話の記憶と言えます。テーマも親しみやすいので、内容も理解しやすいでしょう。お話の記憶は例年こうした出題なので、確実に正解できるようにしておきたいところです。当校の入試では時折難問が出題されることもありますが、お話の記憶に関しては基本的な学習をしておけば充分に対応できます。問われることもお話の中に出てくることばかりです。しっかり聞くことが大切なポイントになるでしょう。日常的に読み聞かせをしているご家庭であれば、特別な対策をしなくてもできてしまうかもしれません。それだけにミスはしないように気を付けましょう。

【おすすめ問題集】
１話５分の読み聞かせお話集①・②、お話の記憶問題集 初級編・中級編・上級編、
Ｊｒ・ウォッチャー19「お話の記憶」

問題2　分野：数量（数のやりとり）

〈解 答〉 ①○：５ ②○：８ ③○：２

しっかり聞いていれば解ける問題ではありますが、難しい問題です。①から②、②から③と、交換したカードをそのまま使うので、今どのカードを持っているのかを記憶しておかなければいけません。もし①を間違ってしまったら、その後の２問も間違えてしまうことになります。はじめから頭の中だけで理解するのは難しいので、実際にカードを使って数のやりとりを目に見える形で行ってください。しっかりと問題を理解できるようになったら、頭の中で考えるようにしていきましょう。難しい問題は、このようにステップを踏んで学習を進めていくようにしてください。

【おすすめ問題集】
Ｊｒ・ウォッチャー38「たし算・ひき算１」、39「たし算・ひき算２」、
43「数のやりとり」

問題3　分野：常識（理科、いろいろな仲間）

〈解 答〉　下図参照

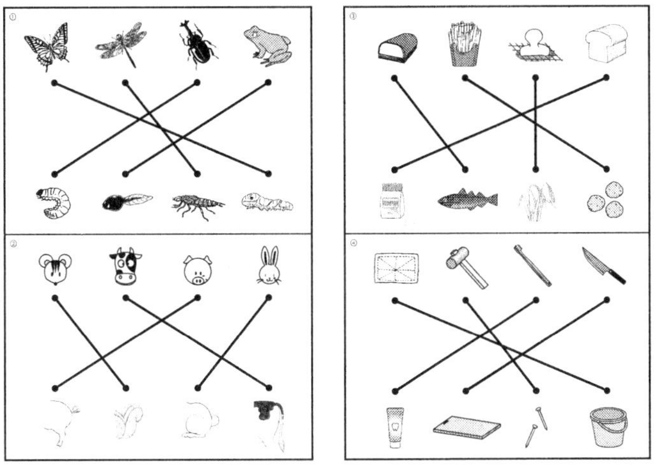

生きものの成長、動物のしっぽ、食べものの原材料、いっしょに使う道具といった組み合わせを考える問題です。①②が理科常識、③④が生活常識になります。こうした常識問題は、できるだけ実際の体験の中で知識を得てもらいたいものですが、①②などはなかなか目にすることが難しいのが現実です。だからといって、すべてを学習として捉えてしまうのではなく、できる範囲で構わないので、生活の中で学んでもらいたいと思います。「○○は何からできているかわかる？」「××といっしょに使うものはどれでしょう」といった、ちょっとした声かけを積み重ねてお子さまの知識を増やすようにしてください。

【おすすめ問題集】

Ｊｒ・ウォッチャー11「いろいろな仲間」、12「日常生活」、
27「理科」、55「理科②」

問題4　図形（同図形探し）

〈解 答〉　①左端、右から２番目　②左端、右端
③左から２番目、右端　④左端、右から２番目

便宜上図形問題としていますが、図形ではなく絵なので、間違い探し（本問は同じもの探し）の感覚で取り組むとよいでしょう。同図形探しでは、見本があってそれと同じものを見つけるという出題形式が多いですが、本問は４つの中から同じものを２つ選ぶという少し珍しい出題形式です。問題をよく聞いていないと、何を問われているのかわからなくなってしまうことにもなりかねません。パッと見て正解を見つけることが難しいので、細かな違いを見分ける観察力が必要とされ、解答時間もそれほど長くないので、見比べるスピードも求められます。

【おすすめ問題集】

Ｊｒ・ウォッチャー４「同図形探し」

問題5　分野：図形（点図形・模写）

〈解 答〉　省略

こうした点図形の問題では、座標と運筆の両方の力が観られます。座標は合っていても線が曲がっていたりすると不正解になることもあるので、線をきれいに引くということにも気を配りましょう。本問もあまり解答時間に余裕がありません。どこから線を引こうか考えているとあっという間に時間がなくなってしまいます。どんな形なのかにもよりますが、どこから線を引き始めるかをあらかじめ決めてしまうのも１つの方法です。線を「引く」という言葉の通り左から右（右利きの場合）、上から下に動かすのが自然な流れです。つまり、左上から始めると線が引きやすくなるということです。

【おすすめ問題集】

Ｊｒ・ウォッチャー１「点・線図形」、51「運筆①」、52「運筆②」

問題6　分野：図形（図形分割）

〈解 答〉　下図参照（図形の分割線は解答例を示したものです）

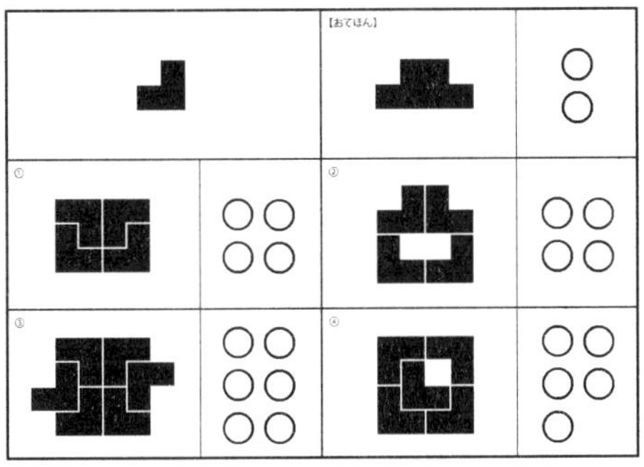

お手本が示されているということは、わかりにくい（難しい）問題ということなので、説明をしっかり聞いていないと何を答えればよいのか悩んでしまうかもしれません。仮に何を答えればよいのかがわかったとしても、なかなか難しい問題です。マス目になっていれば、まだ理解しやすいかもしれませんが、真っ黒な形なので、どう組み合わせればよいのかがイメージしにくくなっています。組み合わせるパーツをいくつか作って、実際に手を動かしながら試行錯誤していくことで、頭の中で図形を動かすことができるようになっていきます。はじめのうちは、マス目を書いた形で問題に取り組んでみるのもよいかもしれません。

【おすすめ問題集】

Ｊｒ・ウォッチャー９「合成」、45「図形分割」、54「図形の構成」

問題7　分野：巧緻性

〈解答〉　省略

小学校受験でよく見られる、いわゆる箸使いの課題です。時間が区切られてるのでお子さまはゲーム感覚で取り組んでしまうかもしれませんが、観られているのは箸の持ち方です。箸の持ち方がきちんとしていれば自然と木のブロックをうまくつかむことができます。もし、箸の持ち方が「バッテン」だったとしたら、木のブロックを全部移動できたとしてもよい評価は得られないでしょう。正しい箸の持ち方は、最低限できていなければならないことと言えます。そもそも、保護者の方はちゃんと箸を持てていますか。保護者の方ができないことはお子さまにもできないと考えましょう。

【おすすめ問題集】

新 口頭試問・個別テスト問題集、新 ノンペーパーテスト問題集、
Ｊｒ・ウォッチャー25「生活巧緻性」

問題8　分野：行動観察

〈解答〉　省略

行動観察も大きな変化はありませんでした。「ものまねゲーム」では指示行動ができるかどうか、「集団ゲーム」ではお子さまの自然な行動が観られています。行動観察は、小学校入学後の姿をイメージして観察されます。集団の中での振る舞いや決められたルールの中での行動など、集団行動をする上で問題になることはないかを観ているのです。45分程度という長い時間なので、ちょっとしたところにお子さまの素が出てしまいます。これまでどう育てられてきたかが観られていると言ってもよいでしょう。付け焼き刃の対策では見抜かれてしまいます。行動観察ではお子さまを通して保護者が観られているのです。

【おすすめ問題集】

Ｊｒ・ウォッチャー29「行動観察」

家庭学習のコツ③　効果的な学習方法～問題集を通読する

過去問題集を始めるにあたり、いきなり問題に取り組んではいませんか？　それでは本書を有効活用しているとは言えません。まず、保護者の方が、すべてを一通り読み、当校の傾向、ポイント、問題のアドバイスを頭に入れてください。そうすることにより、保護者の方の指導力がアップします。また、日常生活のさまざまなことから、保護者の方自身が「作問」することができるようになっていきます。

問題9　分野：親子面接

〈解答〉　省略

両親と志願者という形が原則だった当校の面接ですが、今年度は保護者1人と志願者という形で行われました。志願者に対して保護者と相談して答えるという親子課題のような質問もあるなど、内容的にも少し変化を感じました。時間もやや短く設定されていたようで、時間が来たら質問の途中でも終わってしまったという話もありました。保護者には学校と家族に関する質問、志願者には回答に対してさらに掘り下げていく形の質問が中心になります。お子さまには一問一答といった形ではなく、しっかりと会話ができるコミュニケーション力を付けておきましょう。

【おすすめ問題集】

新 小学校受験の入試面接Q＆A、家庭で行う面接テスト問題集、
保護者のための面接最強マニュアル

雙葉小学校　専用注文書

年　　月　　日

合格のための問題集ベスト・セレクション

＊入試頻出分野ベスト３

1st　図　形　思考力　観察力

2nd　お話の記憶　聞く力　集中力

3rd　常　識　体　験　知　識

ここ数年で入試問題はやさしくなったように見えますが、ひねった出題や間違えやすい問題もあるので油断できません。お話の記憶・図形・常識分野を中心に基礎から応用までの対策学習が必要です。

分野	書　名	価格(税込)	注文	分野	書　名	価格(税込)	注文
図形	Ｊｒ・ウォッチャー1「点・線図形」	1,650円	冊	数量	Ｊｒ・ウォッチャー38「たし算・ひき算1」	1,650円	冊
図形	Ｊｒ・ウォッチャー3「パズル」	1,650円	冊	数量	Ｊｒ・ウォッチャー39「たし算・ひき算2」	1,650円	冊
図形	Ｊｒ・ウォッチャー4「同図形探し」	1,650円	冊	数量	Ｊｒ・ウォッチャー42「一対多の対応」	1,650円	冊
図形	Ｊｒ・ウォッチャー6「系列」	1,650円	冊	数量	Ｊｒ・ウォッチャー43「数のやりとり」	1,650円	冊
図形	Ｊｒ・ウォッチャー9「合成」	1,650円	冊	図形	Ｊｒ・ウォッチャー45「図形分割」	1,650円	冊
常識	Ｊｒ・ウォッチャー11「いろいろな仲間」	1,650円	冊	言語	Ｊｒ・ウォッチャー49「しりとり」	1,650円	冊
常識	Ｊｒ・ウォッチャー12「日常生活」	1,650円	冊	推理	Ｊｒ・ウォッチャー50「観覧車」	1,650円	冊
言語	Ｊｒ・ウォッチャー18「いろいろな言葉」	1,650円	冊	巧緻性	Ｊｒ・ウォッチャー51「運筆①」	1,650円	冊
巧緻性	Ｊｒ・ウォッチャー25「生活巧緻性」	1,650円	冊	巧緻性	Ｊｒ・ウォッチャー52「運筆②」	1,650円	冊
常識	Ｊｒ・ウォッチャー27「理科」	1,650円	冊	常識	Ｊｒ・ウォッチャー55「理科②」	1,650円	冊
観察	Ｊｒ・ウォッチャー29「行動観察」	1,650円	冊	推理	Ｊｒ・ウォッチャー57「置き換え」	1,650円	冊
推理	Ｊｒ・ウォッチャー33「シーソー」	1,650円	冊		1話5分の読み聞かせお話集①・②	1,980円	各　冊
常識	Ｊｒ・ウォッチャー34「季節」	1,650円	冊		新口頭試問・個別テスト問題集	2,750円	冊
数量	Ｊｒ・ウォッチャー37「選んで数える」	1,650円	冊		新小学校受験の入試面接Q＆A	2,860円	冊

合計	冊	円

(フリガナ) 氏　名	電　話 ＦＡＸ E-mail
住所　〒　　　　－	以前にご注文されたことはございますか。 有　・　無

★お近くの書店、または記載の電話・FAX・ホームページにてご注文をお受けしております。
電話：03-5261-8951　FAX：03-5261-8953　代金は書籍合計金額＋送料がかかります。
※なお、落丁・乱丁以外の理由による商品の返品・交換には応じかねます。

★ご記入頂いた個人に関する情報は、当社にて厳重に管理致します。なお、ご購入の商品発送の他に、当社発行の書籍案内、書籍に関する調査に使用させて頂く場合がございますので、予めご了承ください。

日本学習図書株式会社
http://www.nichigaku.jp

2020年度以前の過去問題

問題10　分野：お話の記憶

〈準備〉　サインペン（青）

〈問題〉　お話をよく聞いて、次の質問に答えてください。

ある天気のよい日、マリちゃんはお母さんと、遠くの街に住んでいるおじいちゃんとおばあちゃんの家に遊びに行きました。おじいちゃんとおばあちゃんの家には、いとこのモモちゃんも遊びに来ることになっています。おじいちゃんとおばあちゃんの家に行くには、新幹線に乗ります。マリちゃんは、お母さんに買ってもらったばかりの水玉模様のワンピースを着て、リボンの付いた手提げバッグを持っていきました。髪はお母さんが三つ編みに編んでくれました。
新幹線からはきれいな海が見えて、５艘のヨットが浮かんでいました。お母さんは「私は水玉模様のヨットに乗りたいわ」と言い、マリちゃんは「私は星と縦縞のヨットに乗りたいわ」と言いました。お家に行く途中、ケーキ屋さんでおみやげ買っていくことにしました。ケーキ屋さんは、パン屋さんと花屋さんの間にあります。おばあちゃんには４個入りのシュークリームを、モモちゃんには６個入りのクッキーを選びました。シュークリームの箱には、おばあちゃんの大好きなヒマワリのシールを、クッキーの袋にはモモちゃんの大好きなチューリップのシールを貼ってもらいました。
おじいちゃんとおばあちゃんの家に着くと、モモちゃんが「いらっしゃい」と飛び出してきました。「すっかりお姉さんになったね。これはおみやげのクッキーよ」とマリちゃんが渡すと、「ありがとう。半分ずつ食べましょう」とモモちゃんが言ったので、２人で仲良く食べてから、お出かけすることにしました。

（問題10の絵を渡す）
①マリちゃんはどれですか。正しいものを選んで○をつけましょう。
②おじいちゃんとおばあちゃんの家にはどんな乗りもので行きますか。正しいものを選んで○をつけましょう。
③マリちゃんとお母さんが行ったお店の並び方で、正しいものに○をつけましょう。
④お母さんが乗りたいと言ったヨットはどれですか。正しいものを選んで○をつけましょう。
⑤おばあちゃんに買ったおみやげはどれですか。正しいものを選んで○をつけましょう。
⑥モモちゃんが食べたおみやげは何個ですか。食べた数だけ○を書きましょう。

〈時間〉　各20秒

〈解答〉　①右から２番目　②右端　③右下　④左から２番目　⑤左端　⑥○：３

［2020年度出題］

学習のポイント

当校のお話の記憶は、600～800字程度のお話を録音音声で聞いて、答える形式です。毎年、同年代の女の子が主人公のお話が出題されるので、お子さまは、共感しながら聞くことができると思います。一方、色や大きさといった特徴を聞く設問や、「いくつあった」といった数についての設問もあります。内容については、かなり注意深く聞く必要があるでしょう。ストーリーだけでなく、細部までイメージすることを求められますので、読み聞かせをする際には、つぶさに問いかけをしたり、イメージを絵に描かせたりしてみると、お子さまがどこまで聞き取れているのかを判断することができます。何となくお話を聞いているという姿勢では、正解できない問題なのです。場面ごとに区切ったり、登場人物に着目したりと、さまざまな工夫をしてお話を理解できるよう、学習を進めてください。当校のペーパーテストでは、お話の記憶は比較的やさしい問題になります。取りこぼしをしないよう、着実な学習を積み重ねてください。

【おすすめ問題集】
1話5分の読み聞かせお話集①・②、お話の記憶問題集 初級編・中級編・上級編、
Ｊｒ・ウォッチャー19「お話の記憶」

問題11　分野：言語（しりとり）

〈準備〉　サインペン（青）

〈問題〉　左の四角の中の絵からしりとりを始めます。全部つなげた時、最後になるものに○をつけてください。

〈時間〉　20秒

〈解答〉　下図参照

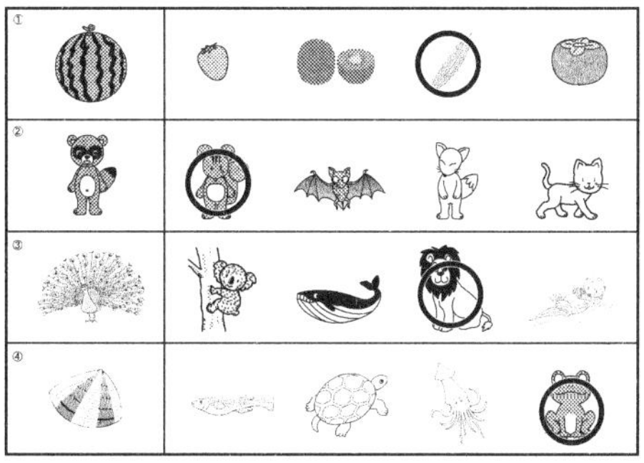

［2020年度出題］

学習のポイント

しりとりの問題です。③については、ラッコとライオンがともに「ラ」で始まる言葉、④についてはカメとカエルがともに「カ」で始まる言葉です。一般的なしりとりの要領で、言葉の最後の音で続く言葉を選んでしまうと、しりとりが続かなくなるので注意してください。特にこれといった対策はありませんが、ふだんから、言葉遊びをして楽しんでいると語彙が豊かになり、こうした問題で戸惑うことも少なくなるでしょう。同じ音で始まる言葉をいくつも探す「頭音集め」や、「フクロウの“フ”、タヌキの“タ”、ババロアの“バ”で“フタバ”」と言葉の頭音を集めて単語を作る「頭音つなぎ」も、言葉の問題の学習になります。文字を使って考えることの少ない幼児にとって、発声することは、単に言葉を覚える上でも有効です。ただし、試験本番で発音することはできませんから、徐々に頭の中で発音することも学習させてください。

【おすすめ問題集】
　Ｊｒ・ウォッチャー18「いろいろな言葉」、49「しりとり」

問題12　分野：図形（パズル）

〈準　備〉　サインペン（青）

〈問　題〉　左にあるパズルは表だけ水色のパズルです。

①ブタ、パンダ、ゴリラのところにはどのパズルが入るでしょう。合うものに○をつけましょう。
②ヒツジのところに入らないパズルに×をつけましょう。

〈時　間〉　①30秒　②20秒

〈解　答〉　下図参照

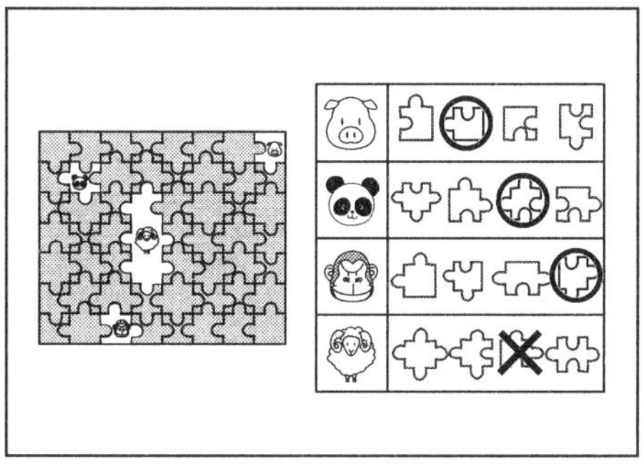

［2020年度出題］

学習のポイント

それぞれピースの形を見本としっかり見比べましょう。継ぎ目の形がピースの位置を考える手がかりになります。当校の入試問題のレベルを考えれば、比較的わかりやすい問題と言えます。パズルの問題は学習というより、日頃の遊びとして楽しく行うとよいでしょう。パズル遊びでは、具体物を使いながら、似たような図形の細部をしっかり見たり、動かして考えたりすることができます。これは、パズルだけでなく、図形の構成や回転などの、ほかの図形分野の学習にもなりますので、ぜひ取り入れてください。お子さまが好きな絵のジグソーパズルなどを使って、楽しみながら取り組むのもおすすめです。

【おすすめ問題集】

Ｊｒ・ウォッチャー３「パズル」

問題13　分野：図形（合成）

〈準 備〉　サインペン（青）

〈問 題〉　左の四角の中にあるパーツを使ってできる形はどれでしょう。選んで○をつけてください。

〈時 間〉　各15秒

〈解 答〉　下図参照

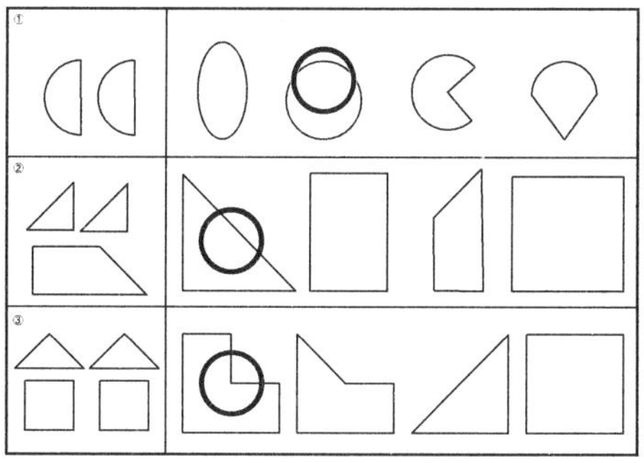

［2020年度出題］

学習のポイント

図形の合成の問題です。前問ではジグソーパズルを利用した学習を紹介しましたが、図形の分割や合成の分野については、基本図形を組み合わせてさまざまな形を作る、タングラムなどの教材を用いることをおすすめします。市販のものを利用するだけでなく、厚紙などを切って作ることもできます。保護者の方も、お子さまと好きな形を作って楽しく遊んでみてください。手を動かしながら基本図形を合わせてみることで、頭の中だけではできなかった組み合わせを発見することができます。また、本問とは異なりますが、いくつかの形を、並べるのではなく重ねた図形を考える「重ね図形」の問題にも、この教材を使うことができます。また、柔軟に考えれば、さまざまな分野に応用できるでしょう。

【おすすめ問題集】

Ｊｒ・ウォッチャー９「合成」、45「図形分割」、54「図形の構成」

問題14　分野：常識（季節）

〈準　備〉　サインペン（青）

〈問　題〉　①髪を１つに結んでいる女の子と同じ遊びをしているのは誰でしょう。その子に○をつけましょう。
②鬼のお面をかぶっている子といっしょに季節の遊びをしているのは誰でしょう。その子に△をつけましょう。
③かぶとをかぶっている子に関係のあるものはどれでしょう。その絵に×をつけましょう。
④目隠しをして棒を持っている子に関係のあるものはどれでしょう。その絵に□をつけましょう。

〈時　間〉　各15秒

〈解　答〉　下図参照

［2020年度出題］

学習のポイント

①の女の子は、羽子板を持っているので、同じく羽子板を持っている子に○をつけます。その時、これがお正月の遊びだということも教えてください。過去に、何月に行われる遊びなのかを聞かれた例もあります。鬼のお面をかぶっている子は、節分のマメまきをしている男の子から逃げています。①と同じように、節分は２月に行われるものだということを教えましょう。③は５月の端午の節句、④は夏の遊びであるスイカ割りです。小学校受験では、年中行事や季節の遊びについて多く出題されます。これは保護者の方がお子さまに、自分の体験を伝えているかどうかを観ようとする意図によるものだと思われます。面接で聞かれることもあります。折々の行事については、積極的に家庭の話題にしましょう。体験するのが１番ですが、難しい場合には、いっしょに動作をまねてみるだけでも、その遊びや行事に実感を持たせられます。

【おすすめ問題集】
　Ｊｒ・ウォッチャー11「いろいろな仲間」、12「日常生活」、34「季節」

問題15　分野：推理（シーソー・置き換え）

〈準 備〉　サインペン（青）

〈問 題〉　左のシーソーを見てください。キャベツ１個とタマネギ３個が同じ重さです。ナス４本とタマネギ２個が同じ重さです。

①キャベツ２個はタマネギ何個と同じ重さですか。その数だけ○を書きましょう。
②キャベツ１個とナス４本はタマネギ何個と同じ重さですか。その数だけ○を書きましょう。
③キャベツ１個、ナス２本とキャベツ２個ではどちらが重いですか。重い方に○をつけましょう。
④キャベツ２個、ナス６本とキャベツ３個とナス２本ではどちらが重いですか。重い方に○をつけましょう。

〈時 間〉　各30秒

〈解 答〉　下図参照

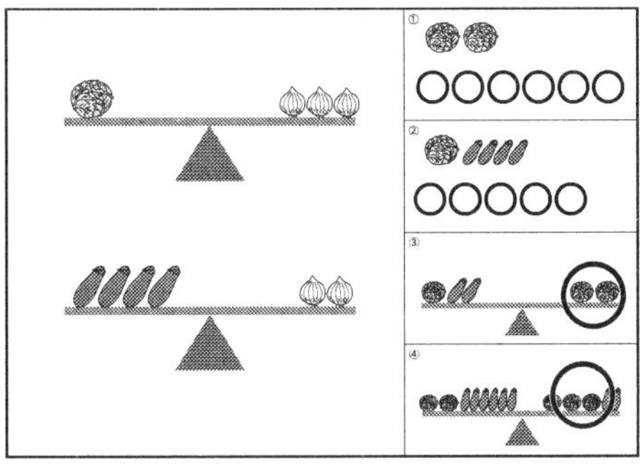

［2020年度出題］

学習のポイント

置き換えて考える問題は、当校では頻繁に出題されます。また、ほかの学校でも出題されることが多くなっていますので、お子さまが納得できるまで、ていねいに説明してください。本問のように、あるものを１とする（基準とする）考え方は、小学校２年生で習う、長さ・重さ・量の単位の基本の考え方です。①はキャベツが２個ですから、キャベツ１個＝タマネギ３個なので、タマネギ６個と同じ重さということになります。②もタマネギを基準に考えます。タマネギ１個＝ナス２本なので、ナス４本＝タマネギ２個となり、あとはキャベツと同じ重さのタマネギ（３個）を足せば答えになります。③④も、シーソーの左右にあるキャベツとナスを、タマネギに置き換えて考えます。そうすると単純なタマネギの数の比較になり、答えがすぐわかるということになります。

【おすすめ問題集】
Ｊｒ・ウォッチャー33「シーソー」、57「置き換え」

問題16　分野：巧緻性

〈準 備〉　カーテンリング12個、綴じひも６本、トレイ

〈問 題〉　２つのリングの小さい穴にひもを通して１回結んでください。結んだら机の前に置いてください。「やめ」と言うまで、できるだけ多く作ってください。

〈時 間〉　３分

〈解 答〉　省略

［2020年度出題］

学習のポイント

リングを揃える、ひもを通す、ひもを結ぶという、当校では定番の課題です。限られた時間の中で、ていねいに効率よく作業ができるかが評価のポイントになるでしょう。当校では過去に、お箸の使い方や、ボルトやナットを使って回す・ねじるといった課題が出題されたこともあります。いずれも、日常から手先を使う練習が必要です。ひもや、ボルトとナットなどをご家庭の手に届くところに置いておき、こまめに練習するとよいでしょう。日常生活では、お子さまが工夫して取り組んでいる様子を見守って、どのようなアプローチをしているかを見てください。必要であれば、どのように手を動かせば作業しやすいかなどのアドバイスをしてください。練習の際には、お子さまに向かい合って座るのではなく、隣に座って教えましょう。また、集中力や取り組み方も観られています。これは、はじめて行う課題にも、あきらめずに取り組む姿勢が、入学後大切になってくるからです。

【おすすめ問題集】

Ｊｒ・ウォッチャー25「生活巧緻性」、実践ゆびさきトレーニング①・②・③

問題17　分野：運動

〈準 備〉　フープ

〈問 題〉　**この問題の絵はありません。**
今から先生のすることをまねしてください。フープではケンパーをしてください。太鼓の音が鳴ったらおしまいです。
（スキップ、行進、かけっこ、フープステップを行う）

〈時 間〉　３分

〈解 答〉　省略

［2020年度出題］

学習のポイント

体操テストと行動観察テストは、問題18の絵のように、真ん中に円が描いてある教室で行われました。それぞれの運動は基本的なもので、年齢相応の運動能力が身に付いていれば、うまくできたかどうかについては心配することはありません。重要なのは、指示通りに行動することや、集団で運動する時の協調性でしょう。特に、ケンパー以外は先生のお手本を見て、その場で同じ行動をしなければならないので、先生のまねをしながらリズムも合わせるという、かなり高度な運動を要求されています。試験の場でいきなりというのは難しいかもしれないので、家の外でお子さまと遊ぶ際に動作を切り替えるポイントを決めて、ここまではスキップ、そこからはかけっこ、そこからはケンパーをする、などのように工夫してみるのもよいでしょう。

【おすすめ問題集】
新 運動テスト問題集、Ｊｒ・ウォッチャー28「運動」

問題18　分野：行動観察（グループ）

〈準　備〉　みこし作り用：みこし２基、布（レース地のもの、30cm×30cm、５～６枚）、セロテープ（４巻）
ボウリング・輪投げ用：２リットルペットボトル（５本）、輪投げの輪（適宜）、カラーボール（３～４個）、ウレタン棒（適宜）
ボール・魚すくい用：ビニールプール（１台）、スーパーボール（適宜）、魚の形のスポンジ（適宜）、おたま（２～３個）、バケツ（２～３個）

〈問　題〉　①あいさつゲームをします。お友だちと２人組になって、このように「こんにちは」と言って、片方に首を傾けます（首を傾ける見本を見せる）。違う方に傾けたら、また「こんにちは」から始めてください。同じ方に傾けたら握手をして違う人とまたゲームをしましょう。先生が合図をしたらまた集まりましょう。
②（１グループ７～10人。２グループに分かれて行われた）
今からグループのお友だちとみこしを作ります。ここにあるものを使って飾り付けをしましょう。合図があったら片付けをしましょう。
③今からお祭りごっこをしましょう。この音（お囃子の音を聞かせる）が鳴ったら、こちらで遊びましょう。遊ぶ場所は２カ所あり、ここではこの道具（ボウリングと輪投げの道具）で遊んでください。この音（「わっしょい」とかけ声の入った音）が鳴ったら自分が作ったみこしの場所に行き、みんなで担いで歩きましょう。太鼓の音が鳴ったら先生のところにもう一度集まってください。

〈時　間〉　30分

〈解　答〉　省略

［2020年度出題］

学習のポイント

問題17の運動テストと同じ教室で行われました。①の集団で行うゲームの観点は協調性です。ルールに則って、初対面のお友だちと楽しくゲームできれば問題ありません。②は、お友だちと相談しながら、１つのものを作っていくという意味でコミュニケーション能力が観点になっています。③では、何度も音が切り替わり、みこしと遊びの間を行ったり来たりします。遊ぶ場所は特に指定がないので、同じ場所に何度も行っても、毎回違う場所に行っても構いません。ただし、途中で疲れたような素振りを見せたり、行動が緩慢になったりすることなく、与えられた場で積極的に行動できることが重要です。いずれも、学校の教室を模した場で、子どもの素の姿を観たり、入学後に学校生活に順応できるかどうかが問われています。なお②③のような、道具を使う課題では、最後にしっかり片付けをすることも、ふだんから教えておきましょう。

【おすすめ問題集】
Ｊｒ・ウォッチャー29「行動観察」

問題19　分野：親子面接

〈準備〉　「食卓に箸を並べる」「キンギョにえさをあげる」「窓拭きをしている」「洗濯物をたたんでいる」「花に水をあげている」「テーブルを拭いている」「お手伝い」の絵のうち、任意の２枚

〈問題〉　**この問題の絵はありません。**

【父親へ】
・子どもの頃にしたお手伝いをお子さまに教えてあげてください。
・最近ご家族で楽しかった思い出は何ですか。
・お父さまは子どもの頃どんな遊びをしていましたか。
・お子さまとどんなことをして遊びますか。
・本校を志望した理由は何ですか。
・女子校についてどう思いますか。

【母親へ】
・母親としてお子さまにしてほしいお手伝いは何ですか。お子さまに向かって話してください。
・最近ご家族で楽しかった思い出は何ですか。
・本校を志望した理由は何ですか。
・女子校についてどう思いますか。

【志願者へ】
・（２つの絵を見せて）何をしているところか説明してください。
・どんなお手伝いをしていますか。
・（母親のお手伝いの話を受けて）そのお手伝いはできそうですか。
・（父親のお手伝いの話を受けて）どう思いますか。その話を聞いたことがありましたか。
・家と幼稚園（保育園、こども園）ではどんな遊びをしていますか。
・学校に入ったら何がしたいですか。

〈時間〉　10分程度

〈解答〉　省略

［2020年度出題］

学習のポイント

父親については、お手伝いや遊びを通じて、自分自身の体験をお子さまに伝えているかどうかなど、父と娘に会話があるか、コミュニケーションをとっているかをチェックする質問がありました。母親には、実際に娘と会話させ、ふだんのお子さまへの接し方を再現して、その様子を観察しようとしているようです。つまり、学校側は、ふだんの家族関係・環境を知ろうとしているということです。お子さまが両親の発言にどんな反応をするかまではチェックしていないとは思いますが、突飛な発言や行動はさせない方が無難でしょう。出願後に提出する参考票には、家庭の教育方針を書く欄や、家族写真の貼付欄が設けられています。面接のために、ということでなく、ふだんから何でも言い合える親子でいること、両親で同じ教育方針を持つことが、何にもまさる面接対策ではないでしょうか。

【おすすめ問題集】

家庭で行う面接テスト問題集、新 口頭試問・個別テスト問題集、
保護者のための入試面接最強マニュアル

問題20　分野：お話の記憶

〈準　備〉　サインペン（青）

〈問　題〉　お話をよく聞いて、次の質問に答えてください。

「ただいま」とドアを開け、ふたばちゃんが学校から帰ってました。「おかえりなさい」と台所からお母さんの声がしたので、ふたばちゃんがそこへ行くと、お母さんはスーパーの袋から、買った野菜を冷蔵庫にしまっているところでした。ふたばちゃんはテーブルにランドセルを置き、椅子に座ると、喉が渇いたので「ジュースをちょうだい」と言いました。「ちょっと待っててね」とお母さんは言いながら、トマトを冷蔵庫の１番下の引き出しに入れました。次にジャガイモ、タマネギ、ニンジンを下から２番目の引き出しに入れ、キャベツとブロッコリーを下から３番目の引き出しに入れました。ふたばちゃんがまた「ジュース」と言うと、お母さんは「はいはい」と言いながら冷蔵庫からオレンジジュースを取り出し、ジュースをコップに入れてふたばちゃんに渡しました。ふたばちゃんはジュースを飲み、「今日は水泳の授業があって、プールで泳いだの」と今日学校であったことをお母さんに話し出しました。しばらく、２人で話していると、窓の外が急に暗くなり、雨が降り始めました。お母さんは洗濯物を取り込むために、慌ててベランダに向かいました。洗濯物を取り込んで戻ってきたお母さんは「ふたば、明日はピアノのお稽古の日でしょう。練習しなくていいの？」と言いました。「そうだった」とふたばちゃんは思い出し、ピアノの練習を始めました。ピアノを弾くのが好きなふたばちゃんが練習に熱中していると、いつの間にか雨はやみ、雲がなくなり、きれいな夕焼け空になっています。ふたばちゃんは「お腹が減った」と思ってピアノの練習をやめ、台所に行きました。「今日の晩ごはんは何？」とふたばちゃんが聞くと、「ナスのカレーとサラダよ」とお母さんが答えました。お母さんはニンジンを取り出し、皮を剥いているところです。ふたばちゃんが椅子に座り、オレンジジュースを飲んでいると、お母さんは次にジャガイモを取り出し、皮を剥き始め、その次にタマネギを取り出し、包丁で刻みました。「これを炒めてから、お鍋に入れてカレーの具にするのよ」とお母さんはふたばちゃんに教えてくれ、最後にナスを取り出してそれを食べやすい大きさに切っています。ふたばちゃんは観たい番組があったので、リビングに行き、テレビを観ているとお母さんが「ごはんができたわよ」と言うのが聞こえました。台所に行くとナスの入ったカレーと、細く刻んだキャベツの上に、１個を縦４つに切ったトマトとブロッコリーが載っているサラダがテーブルの上にありました。

（問題20の絵を渡す）

①お母さんがトマトを入れた引き出しはどれですか。正しいものに○をつけてください。

②お母さんが冷蔵庫から取り出した野菜を順番に並べました。正しい順に並んでいる絵に○をつけてください。

③カレーに入れた野菜はどれですか。正しいものに○をつけてください。

④お母さんが作ったサラダはどれですか。正しいものに○をつけてください。

〈時　間〉　各20秒

〈解　答〉　①右から２番目　②右端　③ニンジン、ナス、タマネギ、ジャガイモ　④右端

［2019年度出題］

学習のポイント

当校のお話の記憶で題材にされるお話の多くは、同年代の女の子が主人公で、日常で経験するできごとが描かれていることが多いので、聞く方もイメージしやすいのではないでしょうか。あまり突飛な展開や登場人物の行動がない点も、すんなりと話に入れる要素となっています。それだけに当校のお話の記憶の問題は、ほかの志願者もほぼ間違えないと考えた方がよいでしょう。ケアレスミスがないように慎重に解答してください。また、登場したものの数、位置（場所）、色、形といった細かな点も聞かれることが多いので、お話を聞きながらそのシーンを詳細にイメージする必要があります。「聞きながらイメージ」というと難しそうに思えますが、読み聞かせの際にはたいていの場合、どのお子さまも無意識に行っていることです。入試ための読み聞かせではそれを意識的に行うのです。

【おすすめ問題集】
1話5分の読み聞かせお話集①・②、お話の記憶問題集 初級編・中級編・上級編、Ｊｒ・ウォッチャー19「お話の記憶」

問題21　分野：数量（一対多の対応）

〈準備〉　サインペン（青）

〈問題〉　①上の絵を見てください。この切り株の上にある花10本で花束を作りたいと思います。足りない花の数だけイチゴの四角に○を書いてください。
②葉っぱ１枚とドングリ２個をセットにしてタヌキさんたちあげようと思います。葉っぱを全部使うとドングリはいくつ足りませんか。足りない数だけリンゴの四角に○を書いてください。
③クリ１個とドングリ２個を材料にして「やじろべえ」を作り、キツネさんたちにあげようと思います。「やじろべえ」はいくつできますか。その数だけブドウの四角に○を書いてください。

〈時間〉　20秒

〈解答〉　①○：３　②○：２　③○：４

［2019年度出題］

学習のポイント

数量分野の課題への対策の基本は、それぞれの問題の考え方を理解した上で類題演習を繰り返すことです。ただし、そこで解き方のテクニックやハウツーを覚えるのではなく、数に対する感覚を磨かないと、将来につながる学習になりません。例えばこの問題では、「セットになるものを○で囲み、数える」というハウツーがありますが、それだけを教えてもお子さまのためにはならない、ということです。答えがわかるのならばそれでよいと考える保護者の方もいるかもしませんが、扱う数が大きくなったり、複雑になると対応できません。当校の入試では、この問題のような「指定されたものを数える」「グループとして数える」という問題が頻出しています。その観点は「幼児教室でどれだけテクニックを学んだか」ではなく、年齢なりの数に対する感覚の有無と思考力です。

【おすすめ問題集】
Ｊｒ・ウォッチャー14「数える」、37「選んで数える」、42「一対多の対応」

問題22　分野：推理（系列）

〈準 備〉　サインペン（青）

〈問 題〉　回転するテーブルの周りに動物たちが座っています。

①テーブルが右に２回動いて、サルくんの前にキュウリが来た時、ウサギくんの前には何個食べものがありますか。その数だけ○を書いてください。
②そこからさらにテーブルが左に３回動いた時に、クマくんの前にある食べものは何ですか。その食べものに○をつけてください。
③②の時に、目の前に１番多くの食べものがある動物は誰ですか。その動物に○をつけてください。

〈時 間〉　各30秒

〈解 答〉　①○：２　②バナナ　③キツネ

［2019年度出題］

学習のポイント

系列の問題です。ここでは「あるパターンで円状に並べられたものが回転して、どの場所に移動するか」が聞かれています。観覧車を題材にすることが多いのですが、この問題では丸テーブルに載せられた食べものとその周囲にいる動物という形になっています。通常の系列と違うのは、お約束が繰り返されることですが、仕組みがわかってしまえば、通常の系列と解き方は同じです。①は「右に２回動いた時、サルの前にキュウリがある」と聞いて、その時ウサギの前にどの野菜が来るかをイメージすれば解答できます。③は食べものの数を比較をするので、数量分野との複合問題と言えますが、扱うのはそれほど大きな数ではありません。直感的に答えられるようになっておきましょう。

【おすすめ問題集】
　Ｊｒ・ウォッチャー６「系列」、50「観覧車」

問題23　分野：数量（選んで数える）

〈準備〉　サインペン（青）

〈問題〉　①右手だけに何かを持っている人に○をつけてください。
②左手だけに何かを持っている人に×をつけてください。
③絵に描いてある帽子の数だけリンゴの四角に○を書いてください。
④絵に描いてある傘の数だけイチゴの四角に○を書いてください。

〈時間〉　各20秒

〈解答〉　下図参照

［2019年度出題］

学習のポイント

「選んで数える」問題です。当校としてはそれほど複雑な絵ではありませんから、よく観察すれば、数え間違いや数え漏れはないでしょう。注意したいのは「左手」「右手」の条件が付けられている問題です。描かれている人物にとっての左右ですので、自分にとっての左右と勘違いしないようにしてください。また、「右手だけに」「左手だけに」とし示されているので、両手にものを持っている人はカウントされないという点にも注意してください。当校の入試問題は、一見簡単でも集中して答えないとミスをしてしまう、お子さまには少し厳しい問題が多いようです。見直しの習慣を付けておいた方がよいでしょう。

【おすすめ問題集】
Ｊｒ・ウォッチャー14「数える」、37「選んで数える」

問題24　分野：常識（理科、昔話、季節）

〈準備〉　サインペン（青）

〈問題〉　①秋のくだものを四角の中から選んで○をつけてください。
②冬眠する生きものを四角の中から選んで○をつけてください。
③カボチャが出てくるお話を四角の中から選んで○をつけてください。
④イヌが出てくるお話を四角の中から選んで○をつけてください。
⑤お正月から数えて５つ目の月の行事を四角の中から選んで○をつけてください。

〈時間〉　各30秒

〈解答〉　①左から２番目（リンゴ）、右から２番目（カキ）、右端（ブドウ）
②右から２番目（クマ）　③左端（シンデレラ）
④右から２番目（花咲かじいさん）、右端（桃太郎）　⑤真ん中（こいのぼり）

［2019年度出題］

学習のポイント

常識分野の問題です。①②は季節や動植物などの知識を聞く、ほかの入試でもよく見られる問題です。③④も出題例はあまり多くありませんが、時折目にする昔話についての問題です。当校を志願するなら知っておくべき知識を聞いている問題と言えるでしょう。ただし、⑤のように季節ではなく「何月に行う行事ですか」と聞く問題はあまり見たことがありません。なぜ「何月か」という聞き方をするかと言うと、最近は気候や環境の変化が激しく、季節感があいまいになっているからでしょう。つまり、ものによっては大人でも判別しにくいものが増えているからです。このような聞かれ方をされる以上、季節の行事などで、日付がある程度決まっているものについては知識を持っておくとよいでしょう。

【おすすめ問題集】
Ｊｒ・ウォッチャー27「理科」、30「生活習慣」、34「季節」、55「理科②」

問題25　分野：行動観察

〈準備〉　なし
※この問題は６人のグループで行う。

〈問題〉　この問題の絵はありません。
これから「ジャングルごっこ」をします。説明をよく聞いてください。

①これから先生が動物のまねをするのでその通りにしてください（トラ、キリンなどのポーズをとる。数回繰り返す）。
②これから先生が言う動物の名前の音の数でグループになってください（ネコ→２人組、キリン→３人組のようにグループになる。数回行い、最後にテスターが「アフリカゾウ」と言って６人１組になり終了）。

〈時間〉　適宜

〈解答〉　省略

［2019年度出題］

学習のポイント

グループでの行動観察は協調性が観点ですから、息を合わせて行なわないとうまくいかない、本問のような課題がよく見られます。前半の模倣体操も後半のゲームも特に難しいものではありませんが、こういった課題には、指示を聞き、ほかの人の動きを観察して、「合わせよう」という意識で臨みましょう。運動能力や指示の理解は年齢なりのものがあれば問題にならないので、協調することが主な目的です。積極性を見せようとしてほかの志願者に指示したりする必要はありません。また、無理に声を出さなくても、表情や動作に他人を思いやる気持ちが表れていれば、悪い評価は受けないはずです。保護者の方は「目立とうとせず、練習した通りにやりなさい」とお子さまに伝えてから、試験会場に送り出してください。

【おすすめ問題集】

Ｊｒ・ウォッチャー29「行動観察」

問題26　分野：行動観察

〈準備〉　ライオン、ワニ、ゴリラのぬいぐるみ、ダンボール（適宜）、布製の葉っぱ、蔓（適宜）、マット（適宜）、フープ（適宜）
※あらかじめ適当な間隔空けて置いておく。
※この問題は６人のグループで行う。

〈問題〉　この問題の絵はありません。
①葉っぱと蔓を使って動物のお家を作ってください。
②お家ができたら、みんなで探検をします。マットとフープを使ってそれぞれのお家に向かう道を作ってください。何もないところは池なので通れません。
③それではみんなで探検してください。探検が終わったら元の位置に戻ってください。

〈時間〉　適宜

〈解答〉　省略

［2019年度出題］

学習のポイント

前問と同じく、グループでの行動観察ですが、小学校受験の課題としては、設定が大仕掛けで指示も複雑です。こうした課題では、共同作業をするためにほかの人と相談しないと物事が始まりません。特に「相談してから」といった指示は出されないようですが、ほかの人の意見を聞かずに作業してしまうと「コミュニケーションがとれない」という評価を受けかねないので、まずはそこから始めるべきでしょう。意見の交換が終わったら、作業に移りますが、そこでの注意点は「指示を守る」こと以外にはありません。積極的なお子さまは、指示以上の工夫や行動をしがちですが、仮によい結果を出したとしてもそれほど評価されない、うまくいかないと悪い評価を受けます。指示以外のことをしない方が無難なのです。

【おすすめ問題集】
　Ｊｒ・ウォッチャー29「行動観察」

問題27　分野：巧緻性

〈準　備〉　画用紙（６枚）、輪ゴム（３本）
※あらかじめ材料を渡しておく。

〈問　題〉　この問題の絵はありません。
画用紙を２枚で１組にして丸め、輪ゴムで留めましょう。

〈時　間〉　適宜

〈解　答〉　省略

［2019年度出題］

学習のポイント

簡単な制作、あるいは着替えや道具をしまうといった作業を「生活巧緻性」言います。小学校入試では行動観察の一部として頻出の課題ですが、日常生活で行っていることを試験の場で行うだけですから、問題はないはずです。試験の場で緊張した時には「いつもやっていることだから大丈夫」と考え、リラックスして行うよう促してください。気になるようでしたら、過去に出た課題を直前に練習する程度で対策は充分です。こうした生活体験（今までの生活で行ったことがあるかないか）を観点とした問題は、日常生活から学び、自然に行えることが理想ですが、手際が悪いからと言って減点されることはありません。保護者の方は、指示をよく聞き、制限時間内に作業を終わらせるということだけを守るようにアドバイスしてください。

【おすすめ問題集】
　Ｊｒ・ウォッチャー25「生活巧緻性」、実践ゆびさきトレーニング①・②・③

問題28　分野：お話の記憶

〈準備〉　サインペン（青）

〈問題〉　**この問題の絵は縦に使用してください。**
お話をよく聞いて、次の質問に答えてください。

今日は山の動物たちの運動会です。小鳥さんはお母さんといっしょに、運動会を見に出かけました。はじめの種目は、キツネさんとクマさんの綱引きです。「ガンバレー」と声をかけながら、ウサギさんとリスさん、タヌキさんが両手にポンポンを持って応援しています。なかなか勝負が決まりませんでしたが、クマさんが勝ちました。次は玉入れです。パーンと合図の音が鳴って、白い玉と赤い玉がどんどん投げ入れられています。リスさんの大活躍で、終わりの合図が鳴った時には赤い玉がいっぱい入っていましたが、白い玉は２個しか入っていませんでした。その次はかけっこです。キツネさん、クマさん、ウサギさん、タヌキさんが一斉に走り出しました。先頭を走っていたウサギさんは、途中で転んでしまい、みんなに抜かれてしまいました。それでもウサギさんは最後までがんばって走りました。最初にゴールしたのはクマさんで、次にタヌキさん、キツネさん、ウサギさんの順番でした。「ウサギさんは４位だったけど、がんばったね」と小鳥さんは言いました。夕方になり、お母さんが「そろそろ帰りましょう」と声をかけると、小鳥さんは「もう少し見たいよ」と返事をしたので、お母さんは「暗くなる前に帰ってくるんですよ」と言いました。お母さんが帰った後、大玉転がしとダンスを見て、小鳥さんもお家に帰りました。

（問題28の絵を渡す）
①小鳥さんの親子がはじめに見た運動会の競技は何ですか。
②玉入れで紅組と白組の勝負はどうなりましたか。
③競技に２回出たのは誰でしょう。○をつけてください。
④ポンポンを持って応援したのは誰でしょう。△をつけてください。
⑤かけっこでゴールした順に左から並びました。正しい順に並んでいる絵に○をつけてください。
⑥小鳥さんが見た運動会の競技の数だけ○を書いてください。

〈時間〉　各20秒

〈解答〉　①左から２番目（綱引き）　②左端　③○：キツネ、クマ
④△：タヌキ、ウサギ、リス　⑤左下　⑥○：５

［2018年度出題］

学習のポイント

お話の記憶の問題です。それほど長いお話ではありませんが、出来事が多いお話から、位置や数量、順番など細かな表現に対する質問があります。当校入試の特徴がよく表れている問題と言えるでしょう。お話を聞きとる際に細部に配慮できることを、観点の１つとしていると考えられます。それぞれの出来事に対して、場面を想像するとともに、「誰が」「何をした」のか把握することを心がけて聞き取ってください。ふだんの読み聞かせの時に、お話の内容に関して質問をすることが効果的ですが、その際に、１.お話には場面がいくつあったか、２.それぞれどんな場面だったか、３.それぞれの場面を詳しく説明、の３段階に分けて聞くとよいでしょう。全体をとらえる力と、細かい部分への配慮がバランスよく身に付きます。

【おすすめ問題集】

１話５分の読み聞かせお話集①・②、お話の記憶問題集 初級編・中級編・上級編
Ｊｒ・ウォッチャー19「お話の記憶」

問題29　分野：常識（理科）

〈準 備〉 サインペン（青）

〈問 題〉 ①②１番上の段を見てください。
左の絵の野菜やくだものを切った時、切り口はどのようになりますか。正しいものを右の絵から選んで○をつけてください。できたら、２番目の段も進めてください。
③④下から２番目の段を見てください。
左の絵の野菜は右の絵の中のどの野菜を切ったものですか。正しいものを選んで○をつけてください。できたら、１番下の段も進めてください。

〈時 間〉 各20秒

〈解 答〉 ①左端　②左から２番目　③右から２番目　④右端

［2018年度出題］

学習のポイント

野菜やくだものの形と、それらを切った時の断面の関係についての問題です。身近な野菜やくだものを切ってみると、色や種の付き方など、外見とは異なる特徴があります。親子で台所に立って、それらの特徴を観察した経験があるかどうかのように、体験と結びついた知識が問われていると言えます。常識分野の知識は、その名称とともに、働きや特徴なども合わせて覚えることが大切です。例えば野菜なら、色や形、切り口のほかに、季節や実ができる場所などがあります。これらの知識を一度に覚えることは大変です。図鑑などで覚えることと、身近な体験から理解することの両方を大切にしながら、知識の量を増やしてください。ある程度覚えたら、知識を整理する意味で、カードにまとめてみるとよいでしょう。そのカードを利用して問題練習をすることもできます。

【おすすめ問題集】

Ｊｒ・ウォッチャー27「理科」、55「理科②」

問題30　分野：図形（展開）

〈準備〉　サインペン（青）

〈問題〉　左の絵のように丸い折り紙を２回折りました。黒く塗った部分をハサミで切ってそのまま広げるとどんな形になりますか。右の絵の中から選んで○をつけてください。

〈時間〉　各20秒

〈解答〉　①左　②真ん中　③左　④右

［2018年度出題］

学習のポイント

折り紙を開いた時の形を問う、展開の問題です。図形の特徴をとらえる力と、展開後の図形の形を想像する力が問われています。まず、折り紙を２回折ったことから、折り紙が４等分されていると考えます。その４等分されたそれぞれに、折り紙を開いた時の向きを意識しながら、見本の図を置いていきます。その作業を４回行うと、答えの図形がわかります。実際に折り紙を用意して、１つずつ理解しながら確認していくとよいでしょう。その練習と並行して、対称図形や鏡図形の問題に取り組むと、図形を把握する力がより一層伸ばせます。慣れてきたら、お手本の形の特徴的な部分に注目して考えるようにしてください。短時間で考えられるようになり、より実践的な練習につながります。

【おすすめ問題集】
Ｊｒ・ウォッチャー５「回転・展開」、８「対称」、48「鏡図形」

問題31　分野：数量（数を分ける、数のやりとり）

〈準備〉　サインペン（青）

〈問題〉　①３つの袋にアメを３つずつ分けて入れます。アメはいくつ足りないですか。足りない数だけ下の四角に○を書いてください。
②お姉さんと妹で余らないようにアメを分けます。お姉さんが妹より２つ多い時、お姉さんのアメはいくつありますか。お姉さんのアメの数だけ下の四角に○を書いてください。
③左のお皿から右のお皿にアメを１つ移した時、右のお皿のアメは左のお皿のアメよりいくつ多いですか。その数だけ下の四角に○を書いてください。
④９つのアメを３人で２つずつ分けるとアメはいくつ余りますか。その数だけ下の四角に○を書いてください。

〈時間〉　各20秒

〈解答〉　①○：２　②○：６　③○：４　④○：３

［2018年度出題］

学習のポイント

アメを分けた時の過不足や増減について考える、難易度の高い数量の問題です。数の概念の理解をはじめ、増減、差、過不足など、さまざまな切り口で数について問われています。また、指示をていねいに聞き取って、問われていることに正確に答えられるかどうかも観点です。ですから、本問を難しくしているのは、小問ごとに指示が変わることであって、数量問題の複雑さではありません。そのため、数の増減、数を分けるなど、一通り数量の基礎学習を終えた後で、さまざまな数量分野の問題をランダムに取り組むことが対策になります。指示の変化に対応できるように、常にていねいに指示を聞き取ることを意識して練習に取り組んでください。

【おすすめ問題集】

Ｊｒ・ウォッチャー14「数える」、38「たし算・ひき算１」、
39「たし算・ひき算２」、40「数を分ける」、43「数のやりとり」

問題32　分野：複合（聞き取り、数量）

〈準備〉　サインペン（青）

〈問題〉　一郎くんたちは、公園で「だるまさんがころんだ」をしています。

①一郎くんは左手を挙げています。一郎くんに○をつけてください。
②春子さんは右手に帽子を持っています。春子さんに△をつけてください。
③リスさんはキノコを全部集めました。木になっているリンゴは、キノコよりどれだけ多いですか。その数だけ下の四角に○を書いてください。

〈時間〉　各20秒

〈解答〉　下図参照

［2018年度出題］

学習のポイント

絵の内容について答える問題です。複雑な指示であっても1度で聞き取る集中力と、指示通りに答える正確さが求められています。本問のように指示が複雑な問題では、２つの問題に同時に答えるようなことはせず、プロセスを細かく分けて、１つひとつ進めていくことがポイントです。はじめに指示を聞き、次に絵を見て答えに合うものを探し、見つけたら指示通りの記号で答え、最後に確認します。ふだんから、「聞く時は聞く」「考える時は考える」などのように行動の切り替えを意識して練習をするとよいでしょう。また本問では、右手や左手を、自分の目線ではなく、絵の中の人物の立場で考えなければいけないところが、問題を難しくしています。正面を向いている人物の右手は、自分から見ると左側にあるということを、体験を通して理解させておいてください。

【おすすめ問題集】

Ｊｒ・ウォッチャー14「数える」、38「たし算・ひき算１」、39「たし算・ひき算２」

問題33　分野：図形（座標の移動）

〈準備〉　サインペン（青）

〈問題〉　**この問題の絵は縦に使用してください。**

①ゾウさんとクマくんが矢印の通りに動きます。ゾウさんが着いたところのマスには○を、クマくんが着いたところのマスには△を書いてください。

②サルさんが矢印の通りに動きます。☆印のところに着くのはどのサルさんですか。正しいものに○をつけてください。

〈時間〉　各20秒

〈解答〉　下図参照

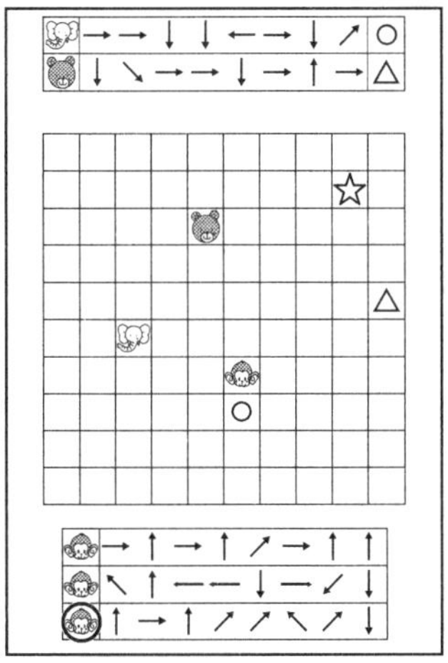

［2018年度出題］

学習のポイント

矢印の指示に従って、マスを進んでいきます。ゾウさんとクマくんのスタート位置を確認して、1つずつていねいに進めれば問題ありません。上下左右だけでなく斜めに移動する指示もあるので、注意して取り組みましょう。サルさんについても同様に、3つの指示通りに進めて、正しい答えを見つけてください。本問では、1つひとつの指示に対して、7～8回手を動かさなければいけないため、正確な作業を繰り返すことが要求されています。実際の試験では、解き終わって時間が余ったら見直しするというのは、解答時間が短いので現実的ではありません。マスを1つ進めるごとに軽く確認し、答えが出た時にも確認というように、小さな確認を繰り返す習慣を付けておくとよいでしょう。その方が早く正確に処理できるようになり、小学校進学後の学習にも役立つ力となります。

【おすすめ問題集】

Ｊｒ・ウォッチャー47「座標の移動」

問題34　分野：巧緻性

〈準備〉　折り紙を縦に4つ切りしたもの（8枚程度）、ラベルシール（四角形の小さいシール）

〈問題〉　**この問題の絵はありません。**

机の中から、トレーを出してください。トレーの中に、細長い折り紙とシールがあります。細長い折り紙の端と端を、シールで留めて輪を作ります。輪ができたら、もう1つ作りましょう。「やめ」というまで続けてください。

〈時間〉　1分

〈解答〉　省略

［2018年度出題］

学習のポイント

手先の器用さを観る巧緻性の問題は、当校では例年出題される頻出分野です。課題はあまり複雑ではありませんが、細かな作業を要求されることが、当校の課題の特徴です。手先の器用さだけでなく、細かい作業を繰り返す集中力、失敗しても投げ出さずに続ける根気など、物事に取り組む際の姿勢が観られています。試験内容を想定した練習はしやすいと思いますので、小さな穴に糸に通したり、シールをいくつも貼ったりするなどの練習を、早いうちから始めておいてください。慣れてきたら、作業を連続で繰り返したり、素早くこなしたりと、実際の試験を意識して難易度に上げていくとよいでしょう。

【おすすめ問題集】

Ｊｒ・ウォッチャー23「切る・貼る・塗る」、実践 ゆびさきトレーニング①・②・③

問題35　分野：行動観察

〈準　備〉　マット（５枚程度）、造花、紙皿、食べもののおもちゃ（おすし、パン、ケーキ、お菓子など）、毛糸、スポンジ、チケット（20枚程度）
※この問題は４名程度のグループで行う。

〈問　題〉　**この問題の絵はありません。**
①それぞれのグループで、何屋さんをやるのかを相談で決めてください。
②部屋の真ん中にある材料やおもちゃを使ってお店を作ってください。
③それぞれのグループで、お店屋さんとお客さんに分かれてください。お客さんの人には今からチケットを５枚配ります。今から配るので（先生のところに）取りに来てください。
④それではお店屋さんごっこを始めます。
⑤終わったら全員で片付けをしましょう。

〈時　間〉　30分

〈解　答〉　省略

［2018年度出題］

学習のポイント

はじめに、みんなでフルーツバスケットを行いながらグループ分けをします。番号順ではなく、ゲームの結果で分かれるのですが、これにあまり意味はないでしょう。その後、先生がタンバリンを鳴らす音を合図に、①から④の課題を進めていきます。はじめてのお友だちと相談をしてお店を決めたり、店員とお客の役割を決めたりといった、初対面の相手とコミュニケーションをとる力が観られています。また、楽しくなってきてもルールを守って遊べるかどうかといった点も、観点の１つと言えます。課題に向けての対策にこだわる必要はありませんが、ふだん、お友だちといっしょに遊ぶ時に、遊びの中でのマナーを身に付けられるとよいでしょう。

【おすすめ問題集】
Ｊｒ・ウォッチャー29「行動観察」

問題36　分野：お話の記憶

〈準 備〉　サインペン（青）

〈問 題〉　お話をよく聞いて、後の質問に答えてください。

今日は日曜日です。ふたばちゃんは２階の自分の部屋で起きると、目をこすりながら下のリビングへと降りていきました。するとお父さんが台所に居て、朝ごはんを作っています。「ふたば、パンケーキを焼くから、顔を洗って来なさい」と、お父さんは言いました。ふたばちゃんが、洗面所で顔を洗ってくるとテーブルには、お皿に載ったパンケーキが５枚置かれていました。ふたばちゃんはおばあちゃんと弟の間にある席に座り、「いただきます」と言って食べようとしましたが、ナイフもフォークありません。ふたばちゃんは正面に座っているお父さんに「お父さん、ナイフとフォークを取って」と言いました。お父さんの右側に座っているお母さんが、「ふたば、自分で取りに行きなさい」と、少し怖い声で言いました。ふたばちゃんはナイフとフォークを食器入れから取って、自分の席に戻りました。取りに行っている間にふたばちゃんの右側に座っているおばあちゃんが、ふたばちゃんのコップにオレンジジュースを入れてくれたようです。「ありがとう、おばあちゃん」ふたばちゃんは、おばあちゃんにお礼を言って、パンケーキを食べ始めました。「お父さんは、クリームとバナナを載せるけど、ふたばも食べる？」とお父さんがふたばちゃんに聞きました。「クリームだけちょうだい」とふたばちゃんは答えました。お父さんはクリームをふたばちゃんのお皿に載せてくれました。しばらくすると「おかわり！」と横に座っている弟が言いました。「もう材料がないから焼けないよ」とお父さんが笑いながら言いました。「お父さんは焼くのに忙しくて、パンケーキを半分しか食べてないよ」とおばあちゃんが言いました。「バナナは全部食べたよ」とお父さんが笑いながら言いました。

（問題36の絵を渡す）
①お父さんのお皿はどうなっていますか。正しいものに○をつけてください。
②お父さんがパンケーキ以外に食べたものはどれですか。正しいものに○をつけてください。
③ふたばちゃんの家族はテーブルにどのように座っていましたか。正しいものに○をつけてください。

〈時 間〉　各20秒

〈解 答〉　①右から２番目　②右端（バナナ）　③左端

［2017年度出題］

学習のポイント

少し長いお話ですが、登場人物やお話の流れはそれほど複雑ではありません。ただし、位置関係や、数量をたずねる問題があるので、あらすじを把握する際に、「誰が」「どのくらい」といった細部まで把握し、ていねいに確認しながら聞き取っていくとよいでしょう。当校では「～は何でしたか」という単純な質問に加え、「いくつ」「どこ」といった点を聞く問題も出題されます。これに対応していくには、お話の場面を具体的に想像しながら聞く練習が必要です。日頃の読み聞かせでは、お話の途中や最後に、お子さまにお話についての質問を投げかけることで、場面を想像する練習にもなります。

【おすすめ問題集】

１話５分の読み聞かせお話集①・②、お話の記憶問題集 初級編・中級編・上級編
Ｊｒ・ウォッチャー19「お話の記憶」

問題37　分野：数量（選んで数える）

〈準　備〉　サインペン（青）

〈問　題〉　①浮き輪をつけて泳いでいる人は何人いますか。その数だけ左下の四角の中に○を書いてください。
②船は何艘ありますか。その数だけ右下の四角の中に○を書いてください。

〈時　間〉　各20秒

〈解　答〉　①○：5　②○：5

［2017年度出題］

学習のポイント

当校の入試で頻出の「数量」分野の問題です。数の意味を理解し、数を分けたり、２つ以上の集合数の多少がすぐイメージできたりするくらいには「数の感覚」を磨いておきましょう。ここでは①②ともに、数多くあるものの中から、特定のものを選んで数える問題ですから、素早い判断と計数が必要です。また、本問のような１枚絵の場合は、自分で絵を分割し、分割したブロックごとに対象のものを計数する方法も有効でしょう。当校の数量分野の問題は解答時間が短いので、印をつけたり、確認する余裕はないかもしれません。入試までには、問題の趣旨と解答方法の理解を確実に行い、ケアレスミスをしないで答えられるだけの力を付けておきましょう。

【おすすめ問題集】
Ｊｒ・ウォッチャー14「数える」、37「選んで数える」

問題38　分野：図形（回転図形）

〈準　備〉　サインペン（青）

〈問　題〉　左端の形をその横に書いてある矢印の向きに矢印の数だけ回転させるとどのようになるでしょう。正しいものを選んで○をつけてください。

〈時　間〉　各30秒

〈解　答〉　①右から２番目　②右端　③右から２番目

［2017年度出題］

学習のポイント

図形の回転の問題です。矢印の数で回転する回数を指示するという点が少しわかりづらいかもしれません。小学校入試の回転図形では、「右に１回まわす」とは、図形の右の辺が底辺になるように回すという意味です。四角形ならば右に90度、三角形ならば右に120度回転させることが基本になります。少し変わった表現なので、今後混乱しないように、その場で理解させてしまいましょう。この問題もそうですが、図形の問題を解くには、「重ねる」「回転させる」「裏返す」「反転させる」「組み合わせる」などの操作を頭の中で行う必要があります。そのためには、実物を使ってそれらの操作をする練習をして、図形の持つ特性や操作した際の法則性を理解していなければなりません。生活の中で「三角形を回転させる」、「複雑な図形を反転させる」といったシチュエーションはなかなかありませんから、本問のようなペーパーテストに取り組み、その過程でお子さまがつまずくようであれば、その都度実物を用意して、確認しながら進めた方がよいでしょう。言葉で説明するよりも時間が節約できます。

【おすすめ問題集】
Ｊｒ・ウォッチャー46「回転図形」

問題39　分野：推理（系列）

〈準備〉　サインペン（青）

〈問題〉　それぞれの段の記号はお約束にしたがって並んでいます。空いている四角の中に入る記号を書いてください。

〈時間〉　各30秒

〈解答〉　①●　②◎　③○　④○

［2017年度出題］

学習のポイント

系列の問題では、はじめに系列全体に目を通して、繰り返されるお約束を見つけます。その時のポイントは、特徴的な並び方が２度目に出てきたところに注目することです。①では、●●のところに注目し、●△●●△というパターンを見つけます。②では☆▽に注目して、☆▽◎▽□を見つけます。同様に③では●△□○△、④では☆○■★■☆というお約束になります。またハウツーとして、同じ記号や絵を探してそれぞれ別の指で押さえ、その指の間隔を保ったまま、空欄になっている部分に一方の指を移動させて解答を導くという方法もあります。この方法は問題の考え方を知る上では有効ですが、「考えて法則を発見する」という問題の趣旨に合いませんし、応用もききませんから、まずは法則を見つけることを優先して練習してください。

【おすすめ問題集】
Ｊｒ・ウォッチャー６「系列」

問題40　分野：図形（間違い探し）

〈準 備〉　サインペン（青）

〈問 題〉　**この問題の絵は縦に使用してください。**
上の絵と下の絵には、違うところが５つあります。違うところを探して下の絵に○をつけてください。

〈時 間〉　１分

〈解 答〉　下図参照

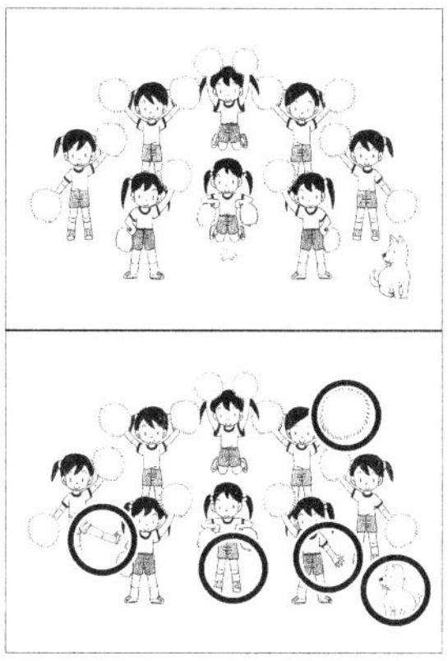

［2017年度出題］

学習のポイント

観察力、集中力が問われる問題です。どこがどう違うのか、集中してしっかり観察しないと見落しとてしまいそうな細かい違いばかりです。情報量の多い２枚の絵を見比べる場合は、頭の中で絵を分割したり要素に分けたりして、１つひとつじっくり見比べていきましょう。ここでは、女の子１人ひとりについて、さらに髪型・顔→手足の上げ方→手に持っているもの→服やズボンといったように、分けて見比べていくと、違いを見つけやすくなります。この問題のような間違い探しには観察力が必要ですが、「よく見なさい」と指導しても観察力は養われません。保護者の方が「どこに」「どのように」注目するかをお子さまに指導するようにしてください。

【おすすめ問題集】
　Ｊｒ・ウォッチャー４「同図形探し」

問題41　分野：推理（ブラックボックス）

〈準 備〉　サインペン（青）

〈問 題〉　１番上の段を見てください。それぞれの箱に左から○を入れると右のようになって出てきます。では、下を見てください。それぞれの「？」のところに○はいくつあるでしょうか。その数だけ右側の四角に○を書いてください。

〈時 間〉　各30秒

〈解 答〉　①○：４　②○：６　③○：６

［2017年度出題］

学習のポイント

まず、条件（左から「１つ増える」「２つ減る」「変わらない」）をしっかり把握してから始めましょう。②では逆算していかなければなりません。その箱からこの個数が出てくるようにするためには○を何個入れたらよいのかを、１段階ずつ考えていきましょう。いずれも単純なたし算・ひき算ですが、このように出題形式が変わると、それだけで戸惑ってしまうかもしれません。問題に数多くあたり、さまざまな出題形式に触れておくことも重要です。なお、当校のような難関校でも、小学校受験の「ブラックボックス」の問題では、「○倍」「○分の１」という概念が出てくることはほとんどありません。「２→４」という変化であれば「２つ増える」、「６→３」という変化であれば「３つ減る」と考えるのが一般的です。

【おすすめ問題集】
　Ｊｒ・ウォッチャー32「ブラックボックス」

問題42　分野：巧緻性

〈準 備〉　ひも（15cm程度、３本）、ビーズ（10個程度）

〈問 題〉　この問題の絵はありません。
まとめた３本のひもにビーズを通してください。ビーズを通したら、糸の端は固結びをして留めましょう。

〈時 間〉　３分

〈解 答〉　省略

［2017年度出題］

学習のポイント

当校で例年出題されている巧緻性の問題です。手先の器用さを観るためのものですが、年齢相応の発達をしているかどうかをチェックしているだけですから、ひも３本にビーズをすべて通せなければ合格しない、ということはありません。指示を理解した上で、落ち着いて作業を行えばすべてできていなくても問題ないでしょう。その上で、「作業を手早く行ったり、出来映えがよければ、なお評価がよい」程度の受け止め方をしてください。この種の巧緻性を観る問題、さらに制作や行動観察は、集団行動する時に「問題がないかをチェックする」ためのもので、創造性やリーダーシップを求めるものではありません。お子さまに指導する時には、神経質に作業の問題点を指摘するのではなく、ゲーム感覚で楽しく練習できる雰囲気作りをしましょう。

【おすすめ問題集】

Ｊｒ・ウォッチャー25「生活巧緻性」、実践ゆびさきトレーニング①・②・③

問題43　分野：行動観察

〈準　備〉　バーベキューの食材：新聞紙（丸めて野菜に見立てる）、スポンジ（魚に見立てる）、折り紙や花紙（テーブルの飾りつけ用）、段ボール（焚き木に見立てる）エプロン、毛糸、スポンジ、折り紙、紙コップ、紙皿、プラスチックコップ、割り箸など
※この問題は６～８名程度のグループで行う。

〈問　題〉　この問題の絵はありません。
【みんなでバーベキュー（ふたばバーベキュー）】
①グループでテーブルのセッティングをする。段ボールに布を敷いてテーブルクロスにする。
②グループで食材を集める。新聞紙を丸めて野菜として収穫、スポンジを魚として釣る。
③集めた食材をバーベキューにして食べ、後片付けを行なう。

〈時　間〉　45分程度

〈解　答〉　省略

［2017年度出題］

学習のポイント

６～８人ずつのグループに出題された行動観察分野の問題です。前年度はレストランを舞台にしたものでしたが、集団での行動観察ということには変わりなく、協力して役割を作業を行なう協調性、取り組みへの積極性といった点が評価される課題です。また、はじめて会うお友だちとコミュニケーションをとるので、初対面の人との接し方も観られていると考えてよいでしょう。当校だけというわけではありませんが、一通りの作業が終わると後片付け、ほかのグループの作業を観ている間の待機といった、お子さまにとってはあまり楽しくない時間が行動観察にはつきものです。当校入試では、テストの結果だけではなく、そういった時間をどのように過ごしているかという点も評価の対象と指導してください。

【おすすめ問題集】

Ｊｒ・ウォッチャー29「行動観察」

問題10

①

②

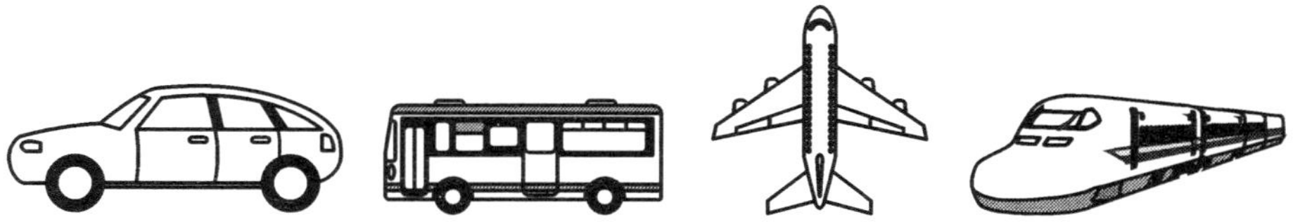

③

④

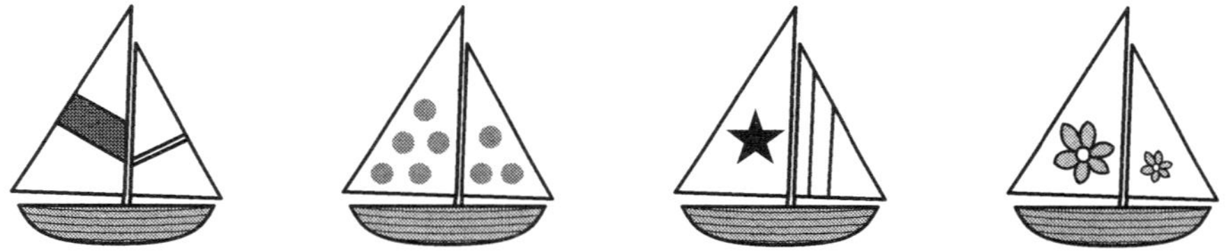

⑤

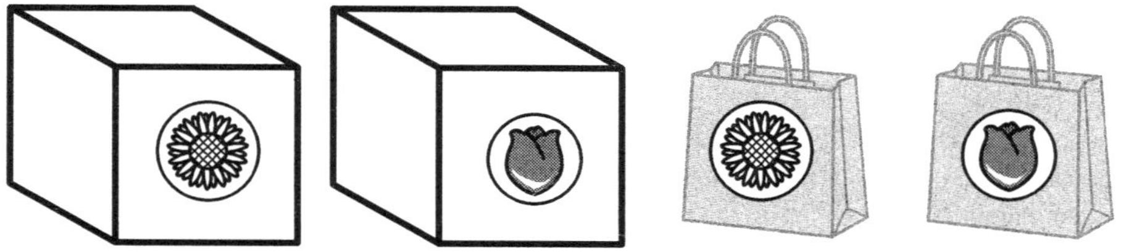

⑥

問題１１

①

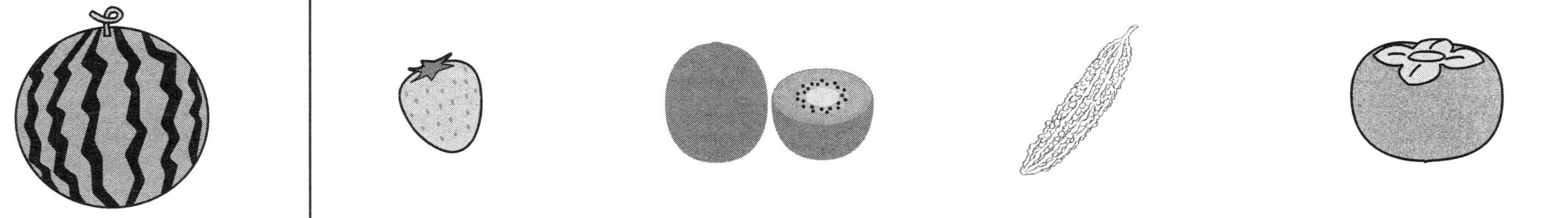

②

③

④

問題１２

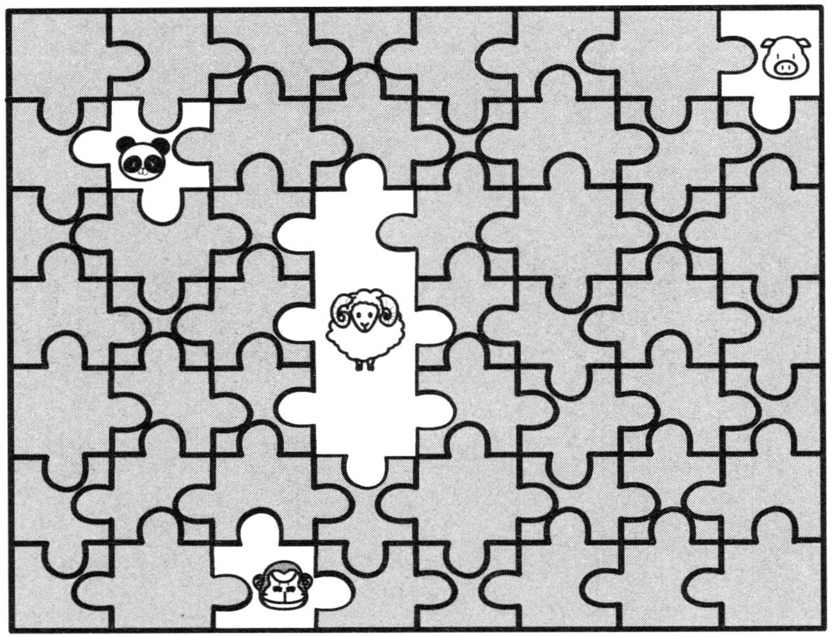

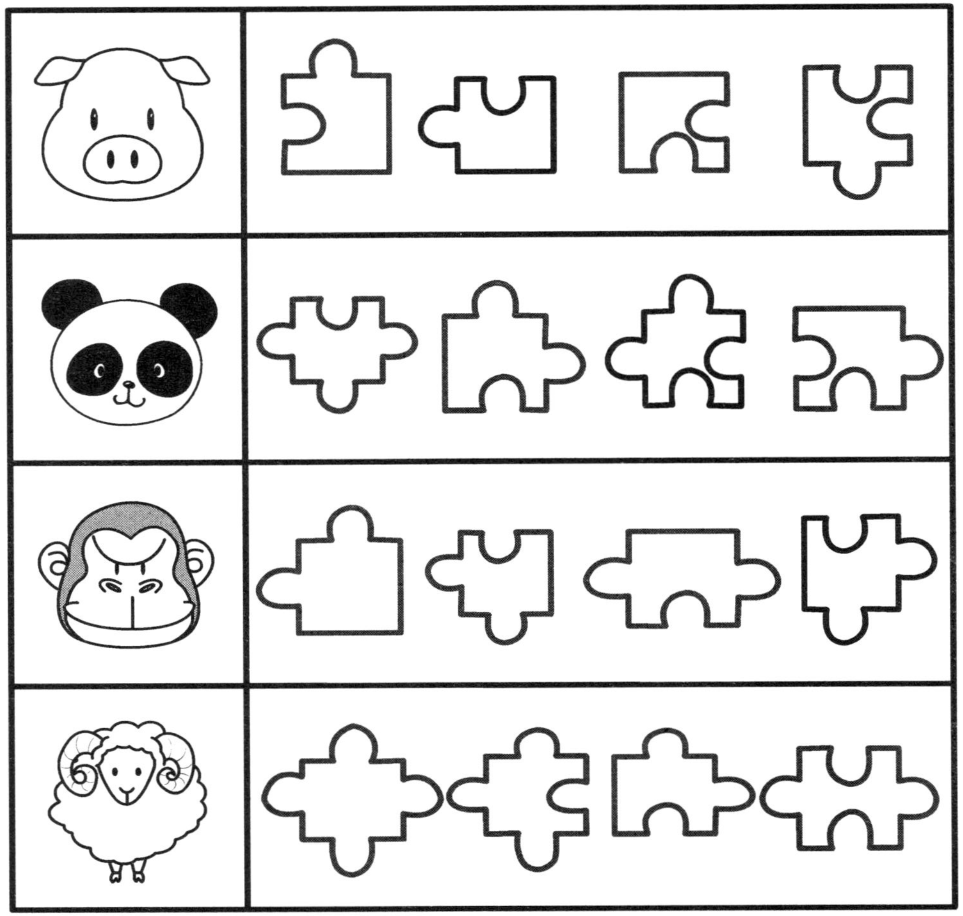

問題１３

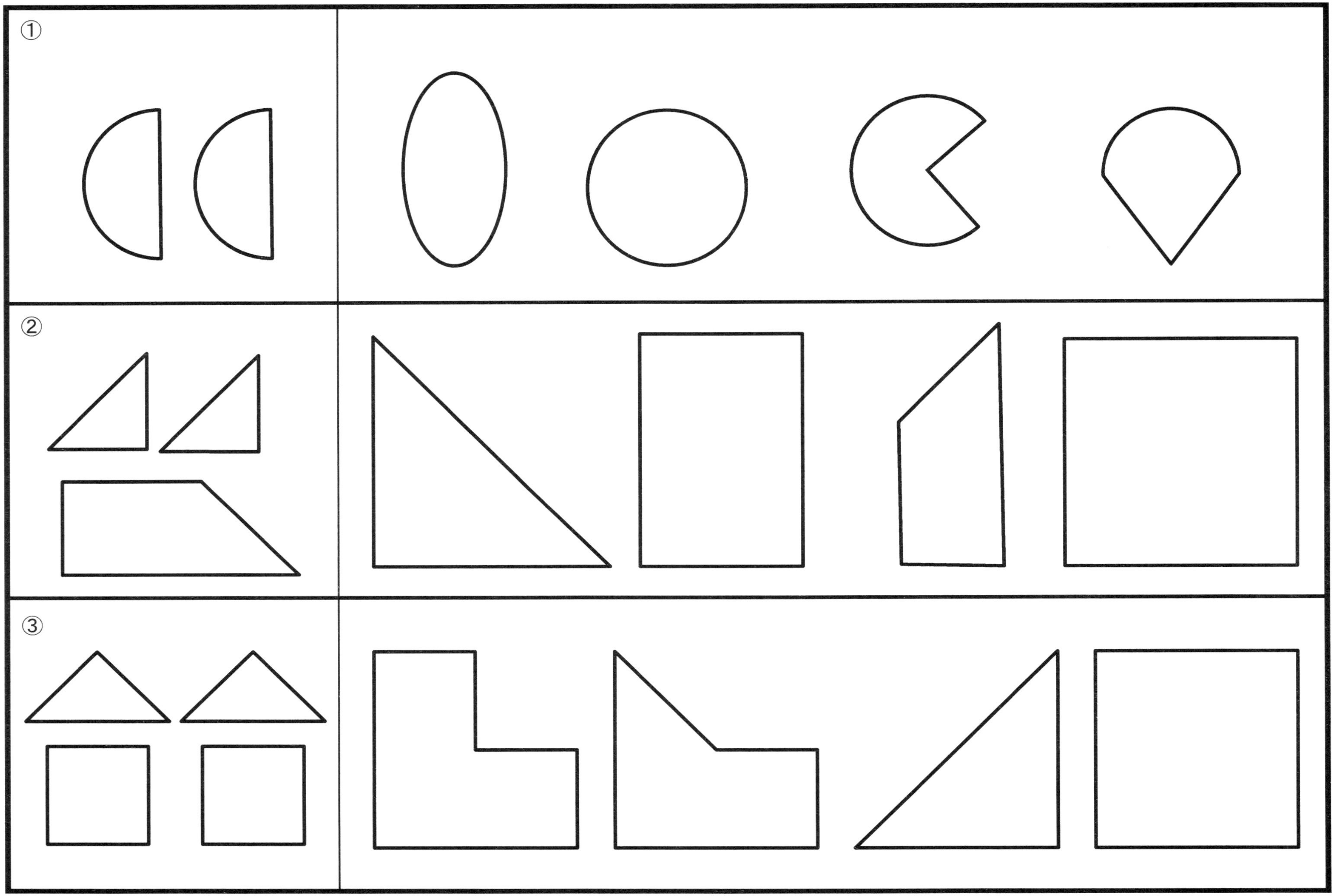

2022 年度　雙葉　過去　無断複製／転載を禁ずる　　日本学習図書株式会社

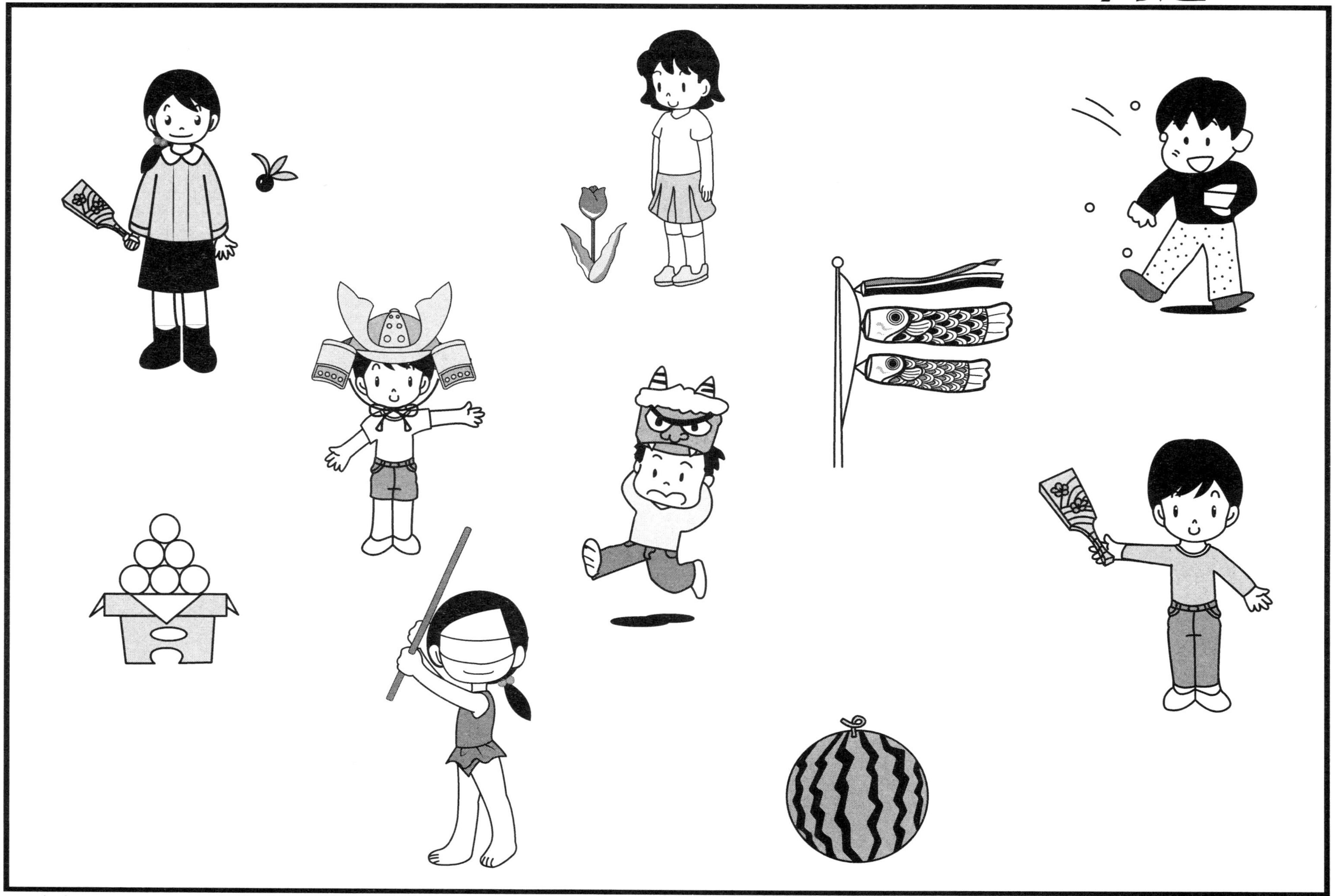

問題15

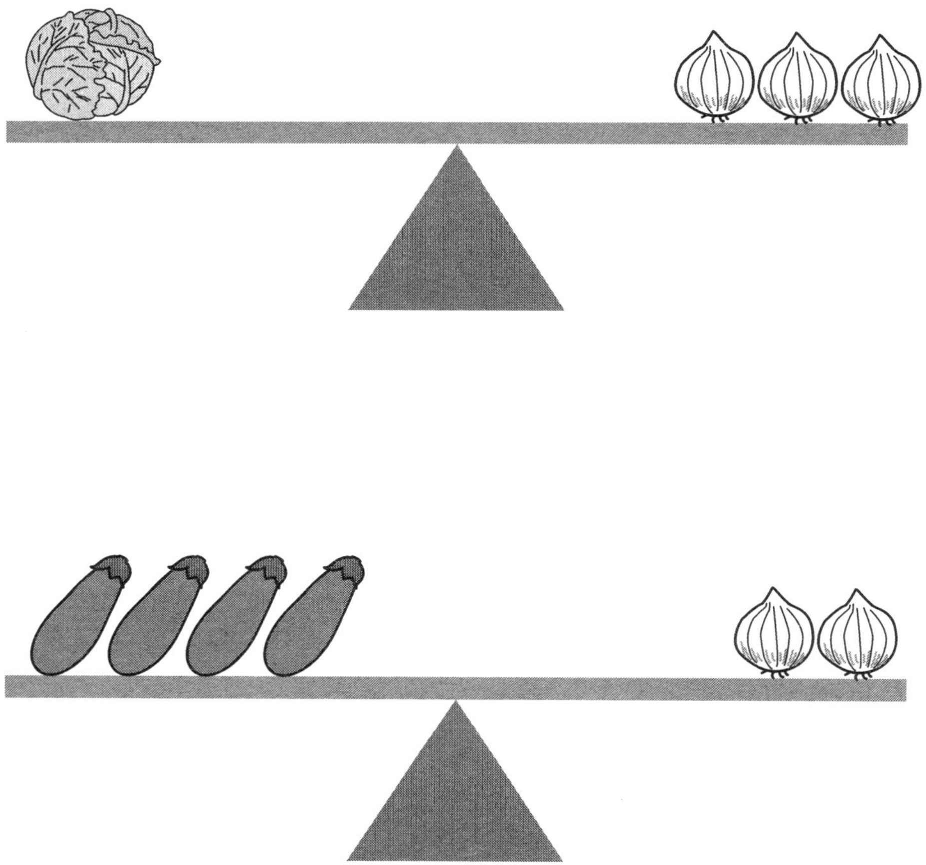

①
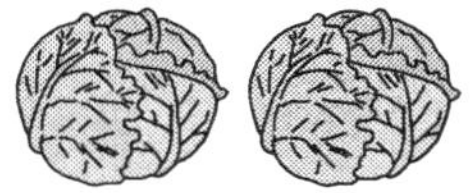

②

③
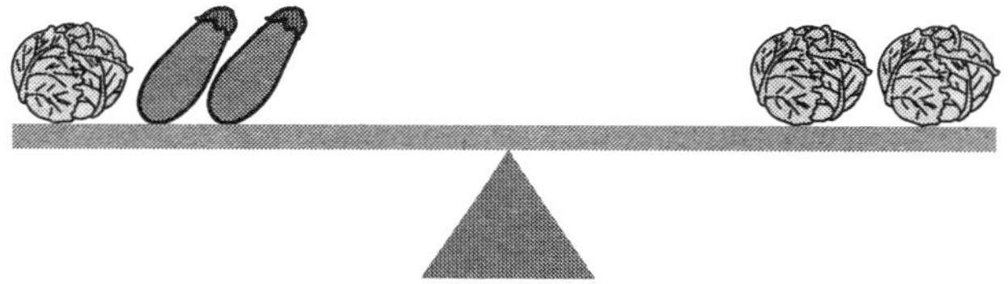

④
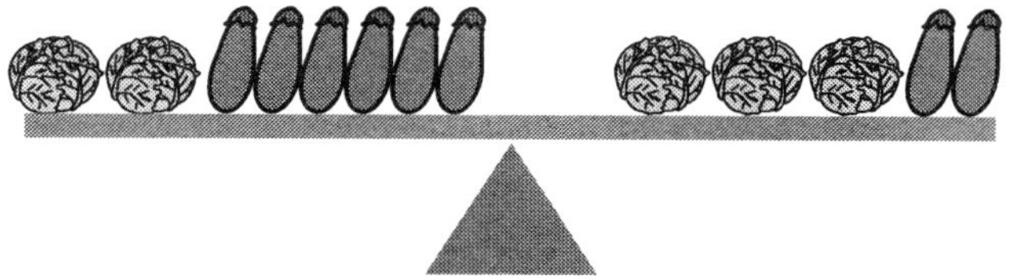

問題16

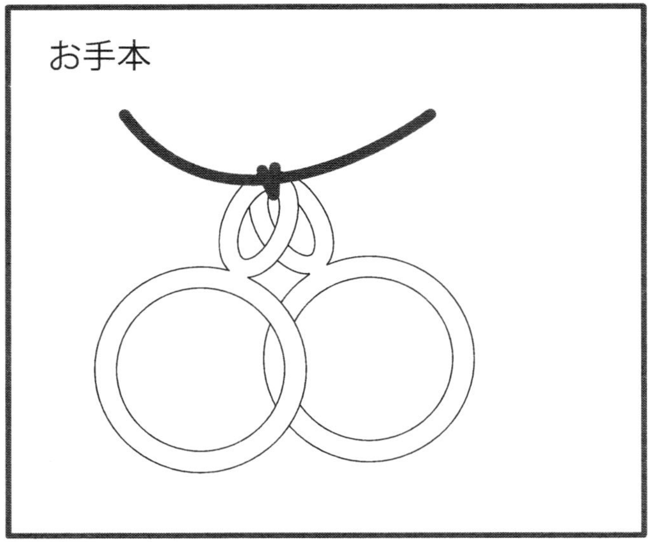

トレイの中にカーテンリング（12個）が入っており
上に綴じひも（６本）が置いてある

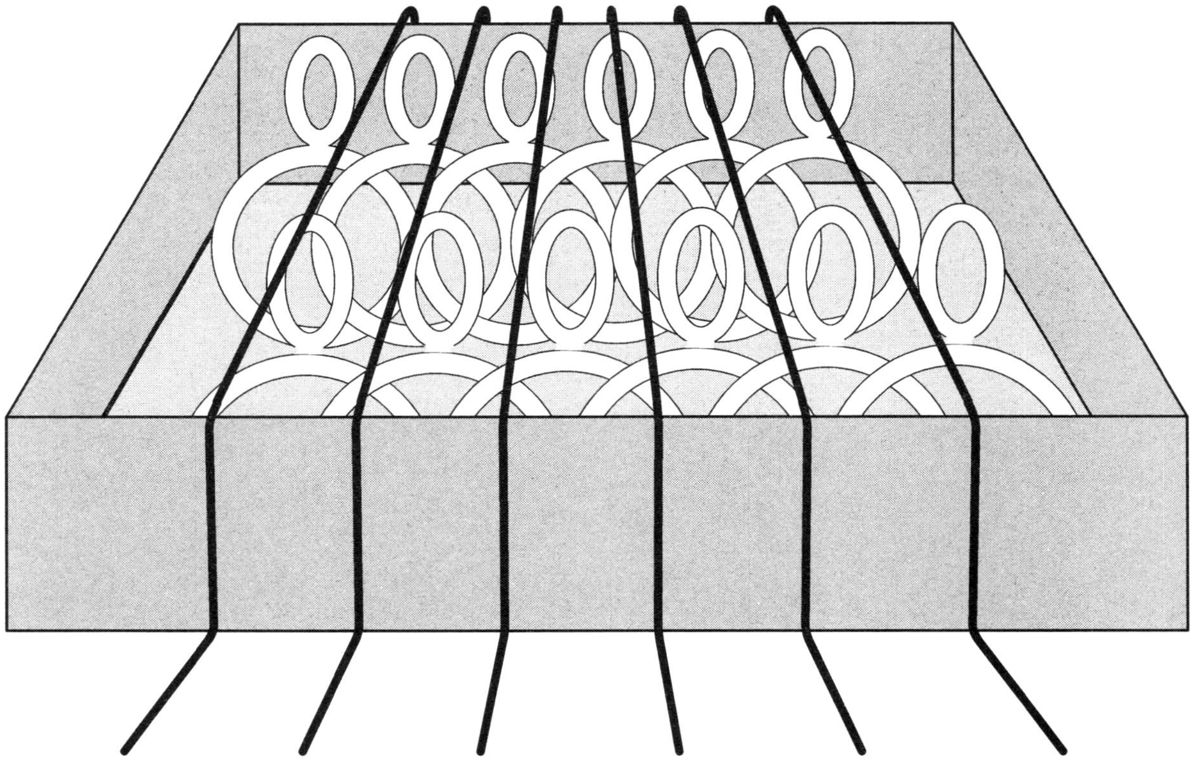

問題18

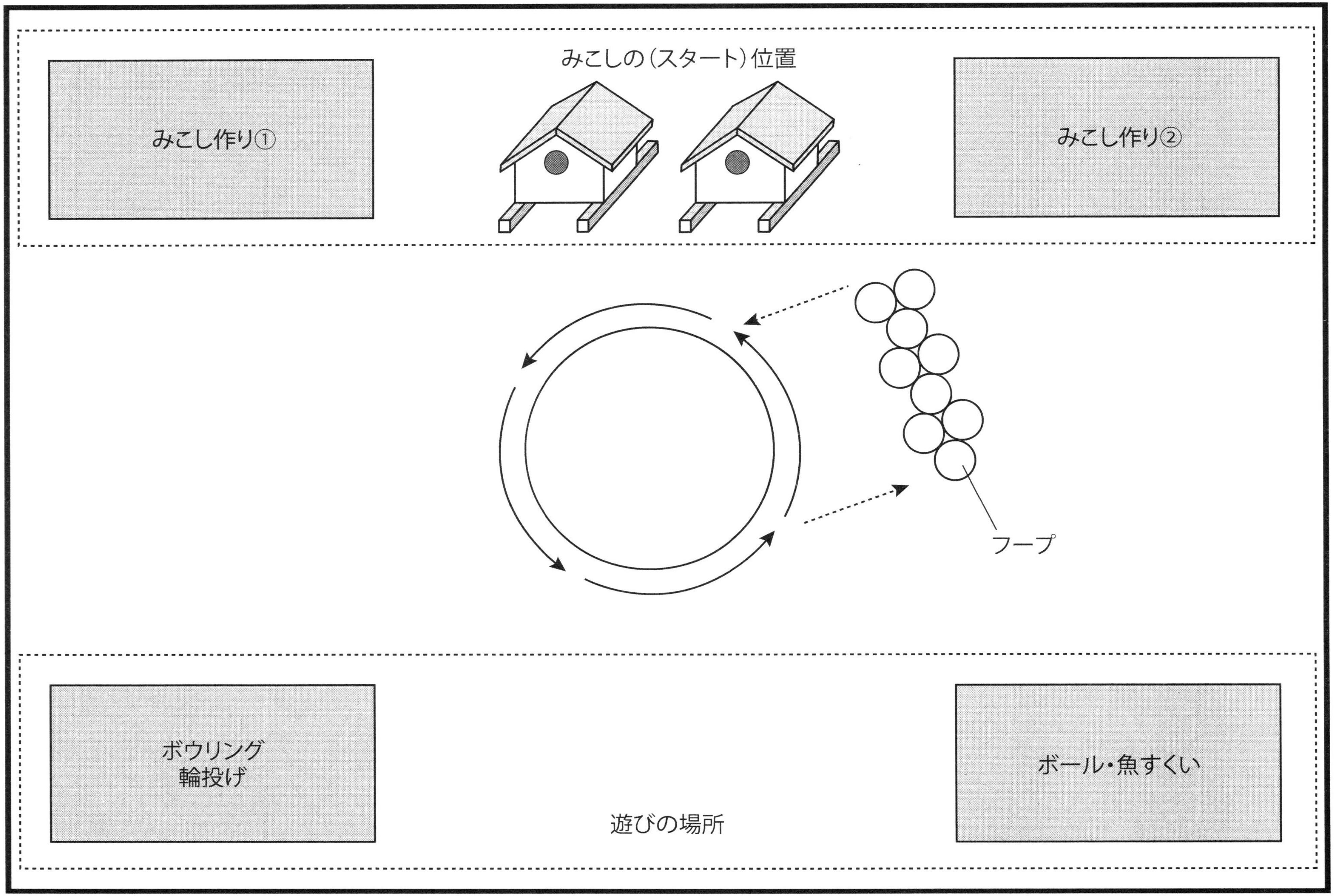

みこしの（スタート）位置
みこし作り①
みこし作り②
フープ
ボウリング
輪投げ
ボール・魚すくい
遊びの場所

問題20

① ② ③ ④

日本学習図書株式会社

2022年度 雙葉 過去 無断複製／転載を禁ずる

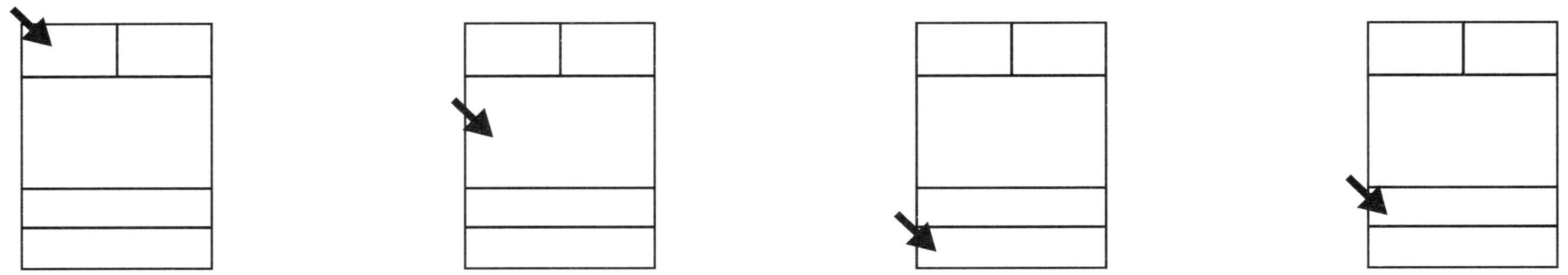

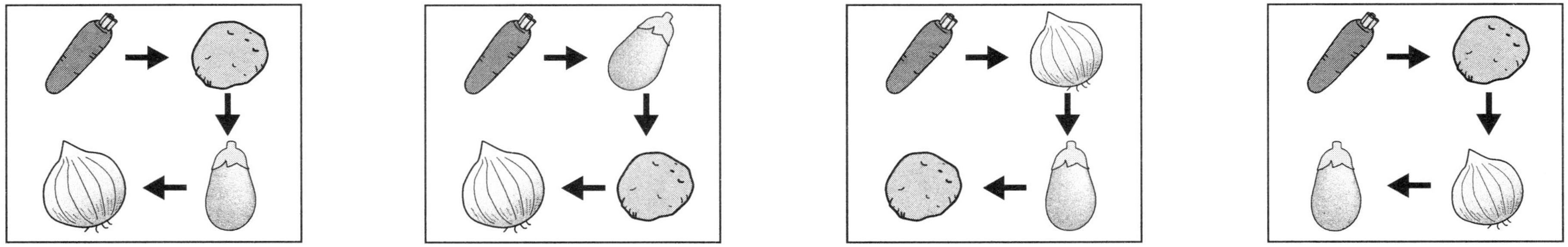

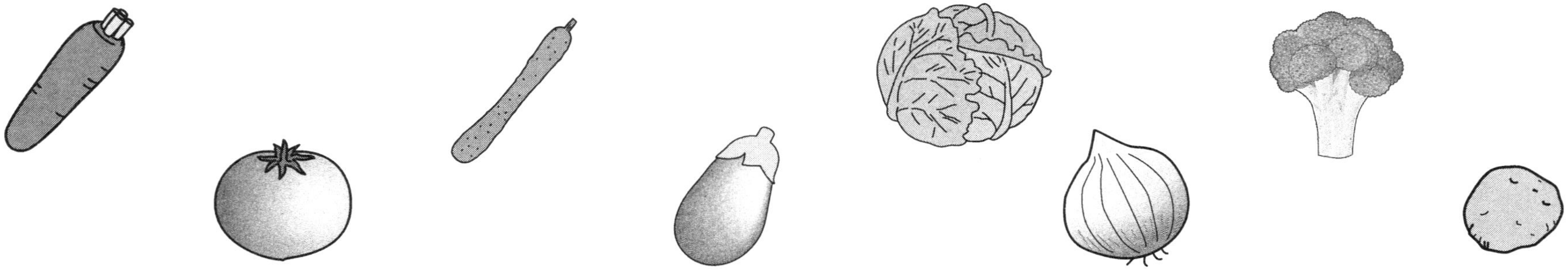

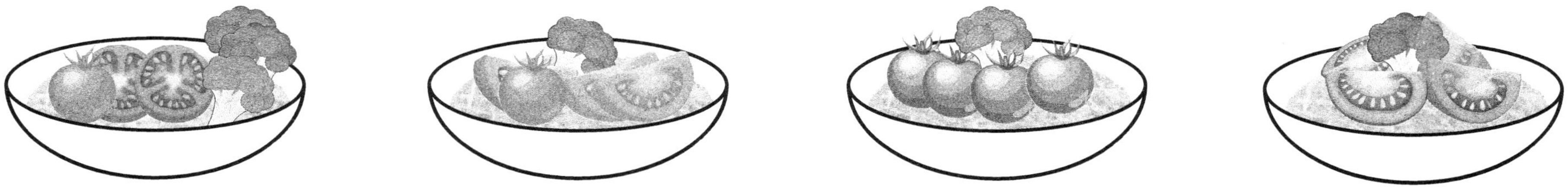

問題２１

日本学習図書株式会社

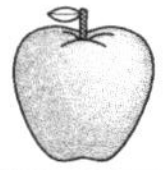

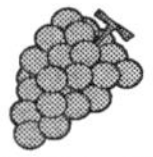

問題２２

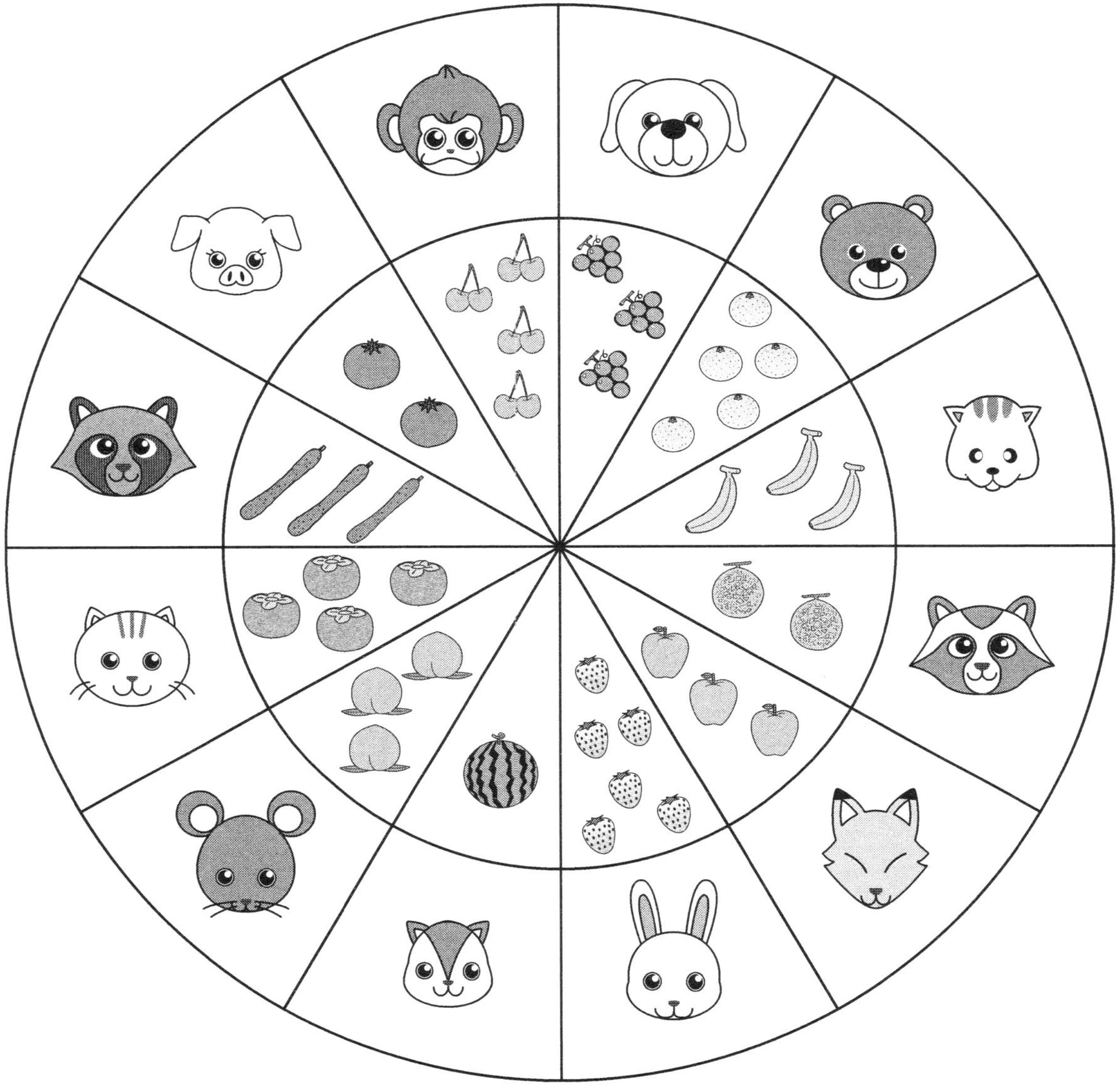

①

②

③

2022 年度　雙葉　過去　無断複製／転載を禁ずる　　　　　　日本学習図書株式会社

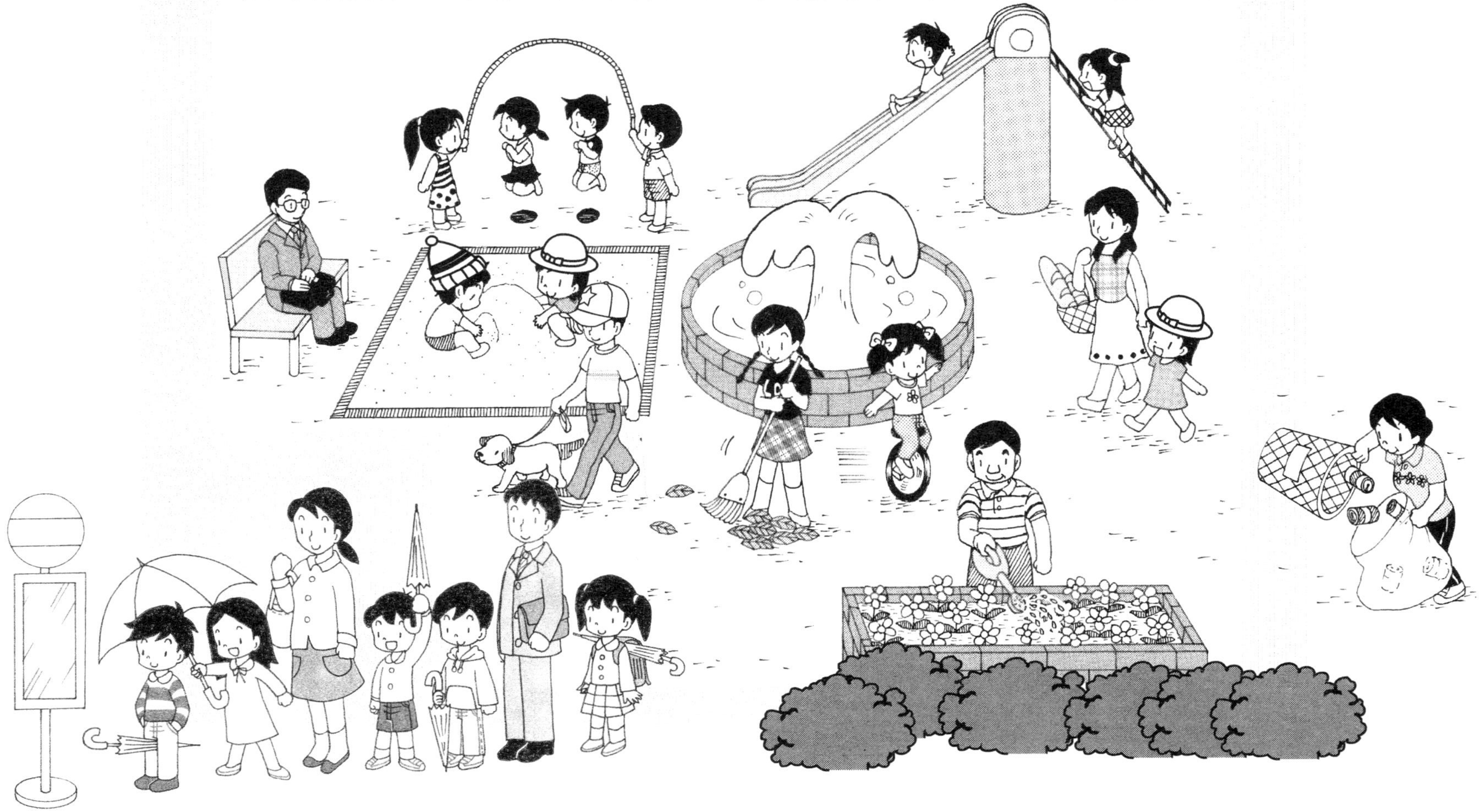

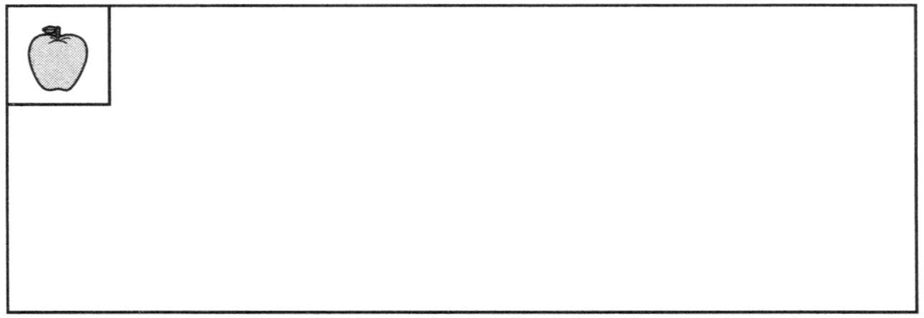

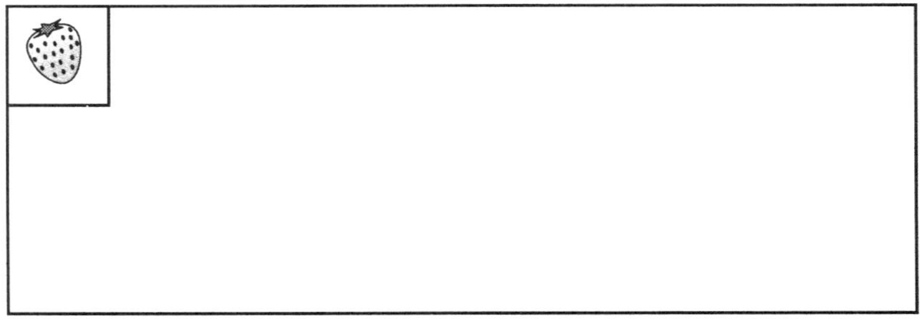

① ② ③ ④ ⑤

2022 年度　雙葉　過去　無断複製／転載を禁ずる　　日本学習図書株式会社

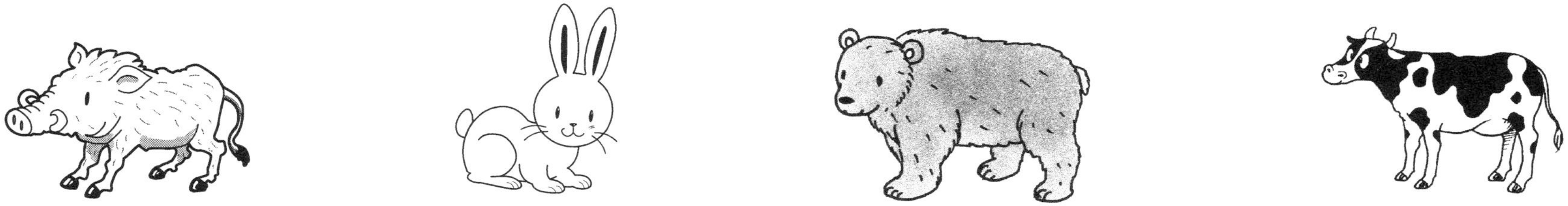

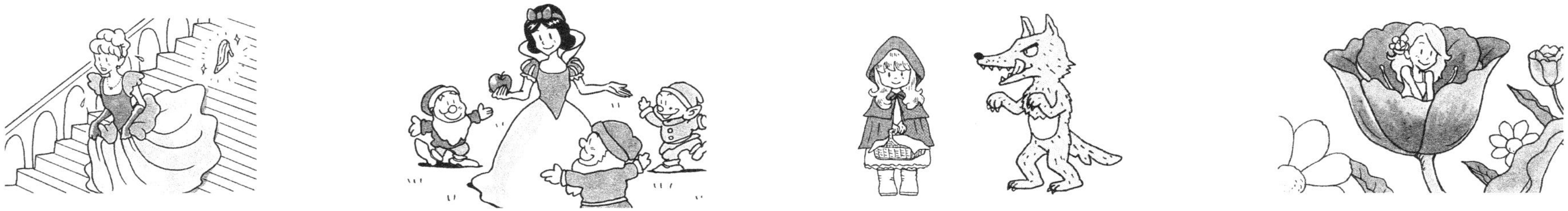

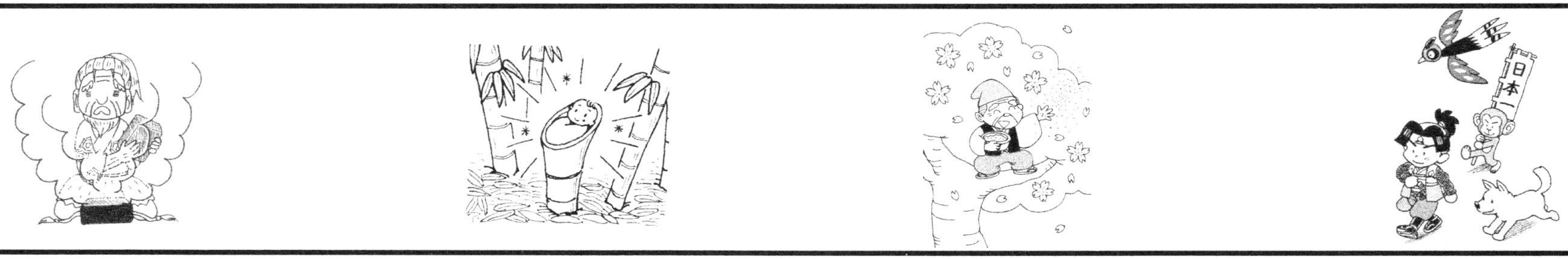

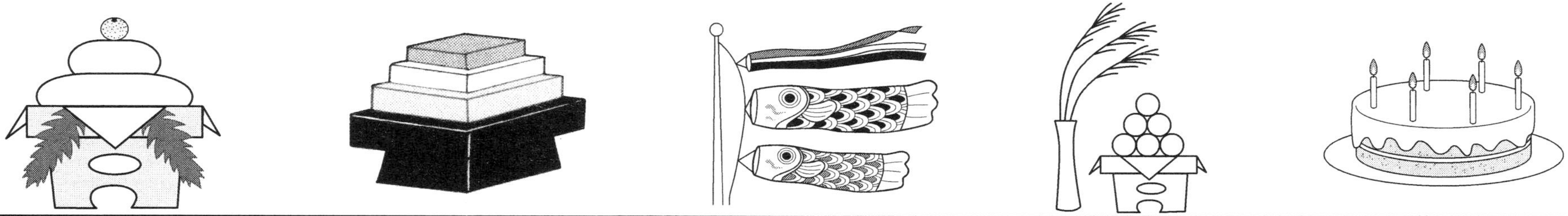

問題28

①

②

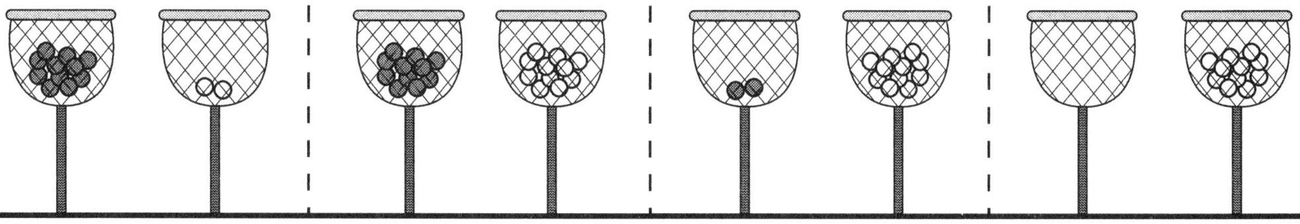

③④

⑤

⑥

問題２９

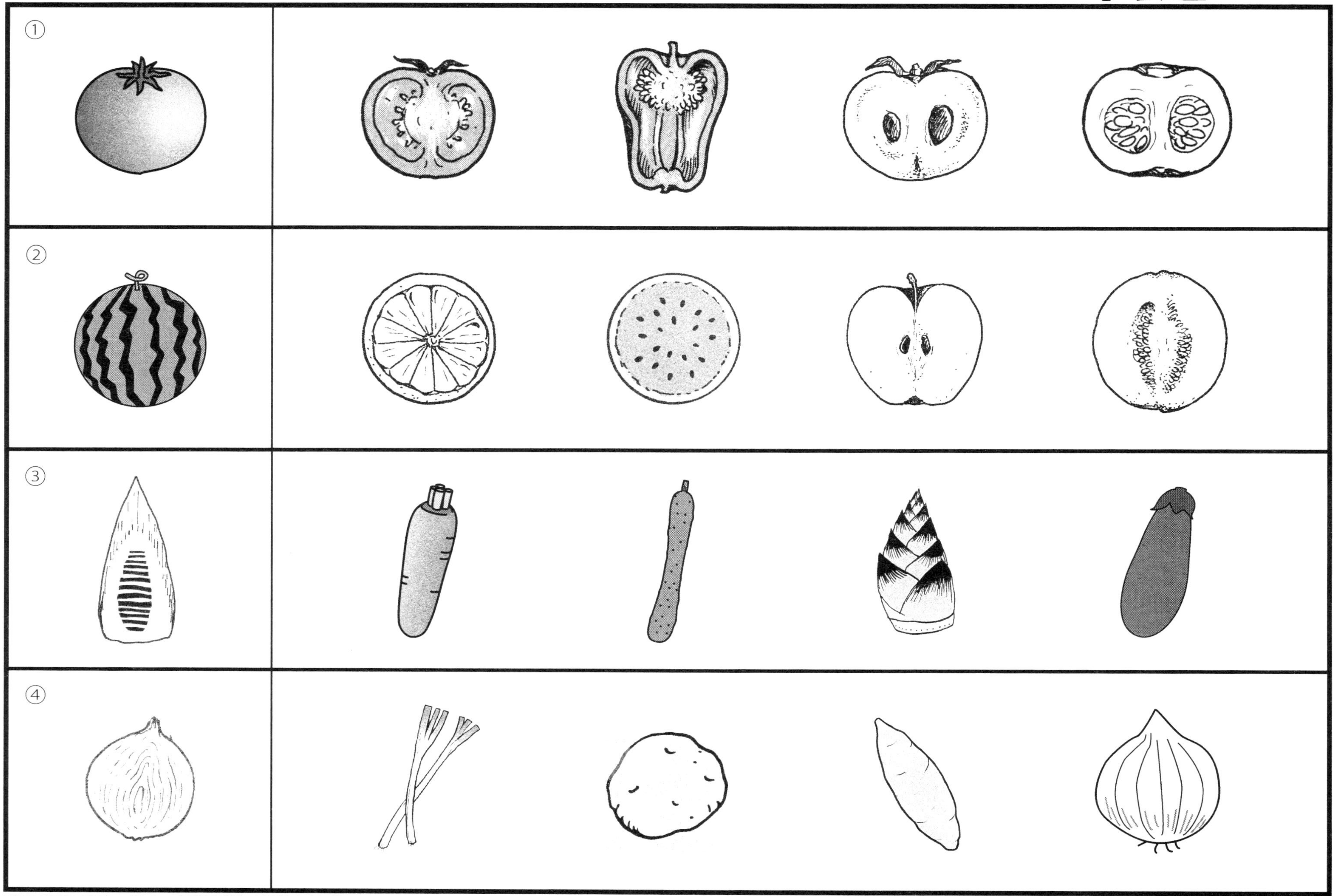

問題３０

①

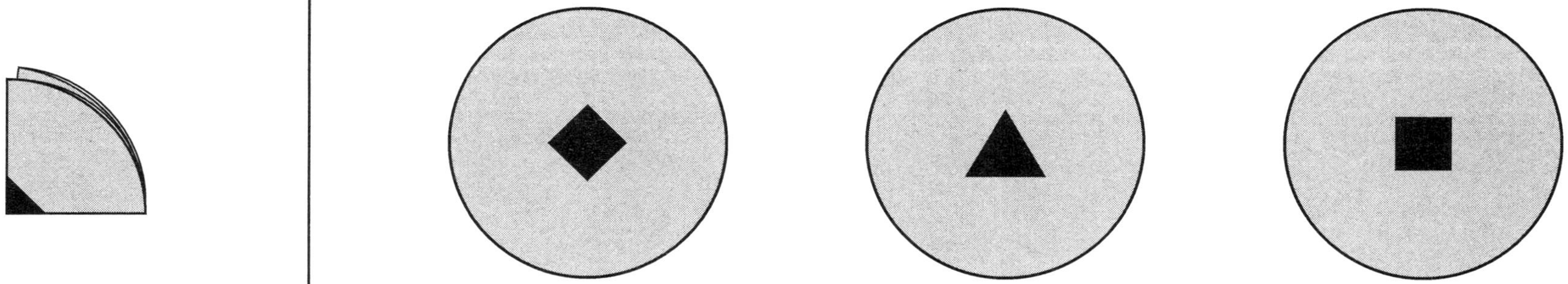

②

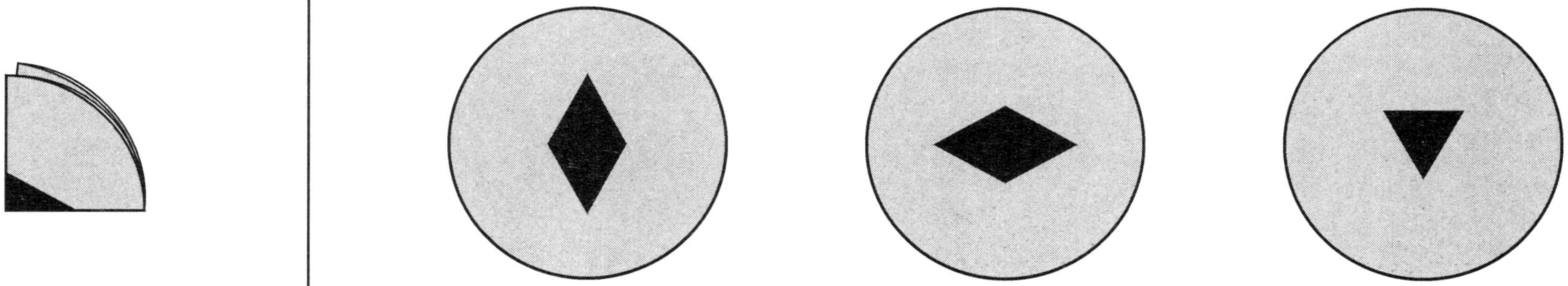

③

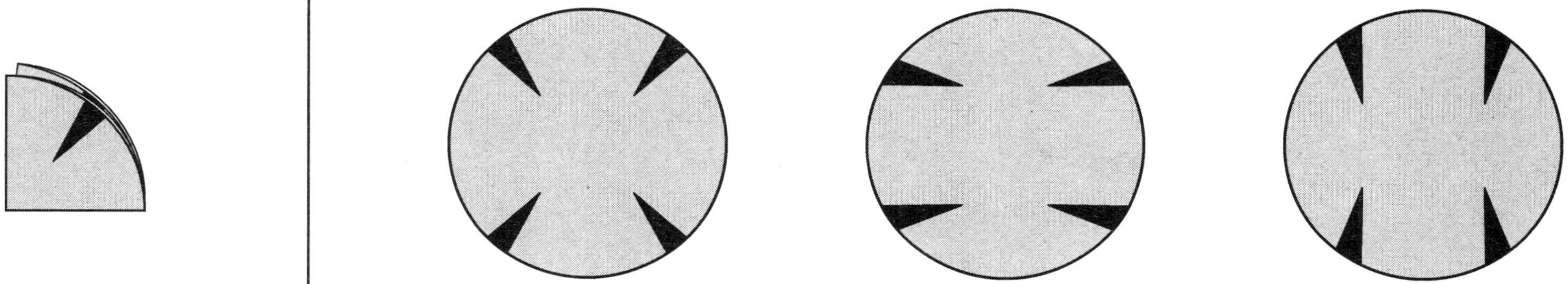

④

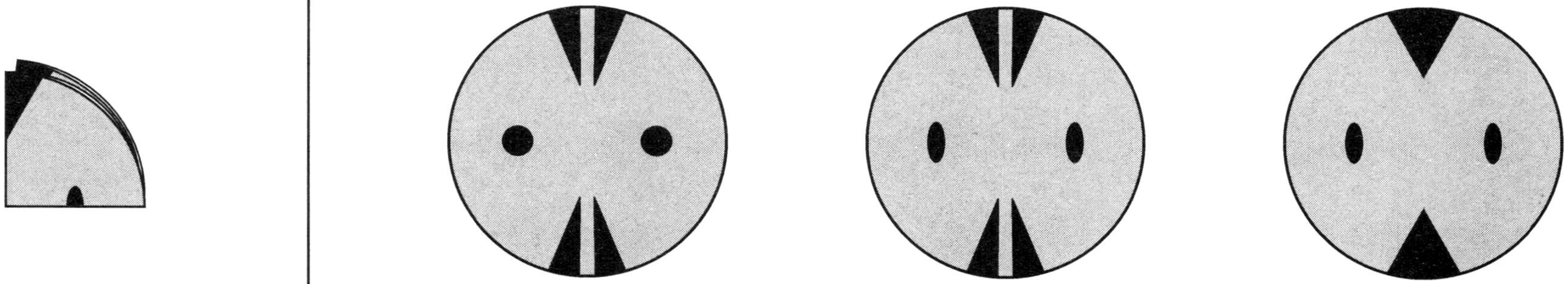

① ② ③ ④

2022 年度 雙葉 過去 無断複製／転載を禁ずる 日本学習図書株式会社

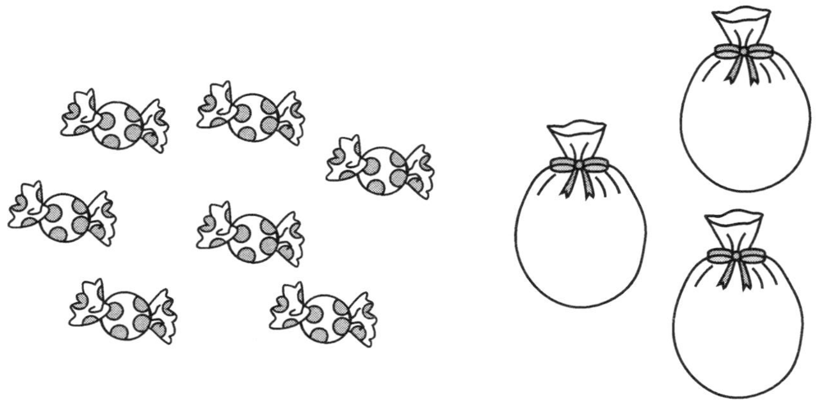

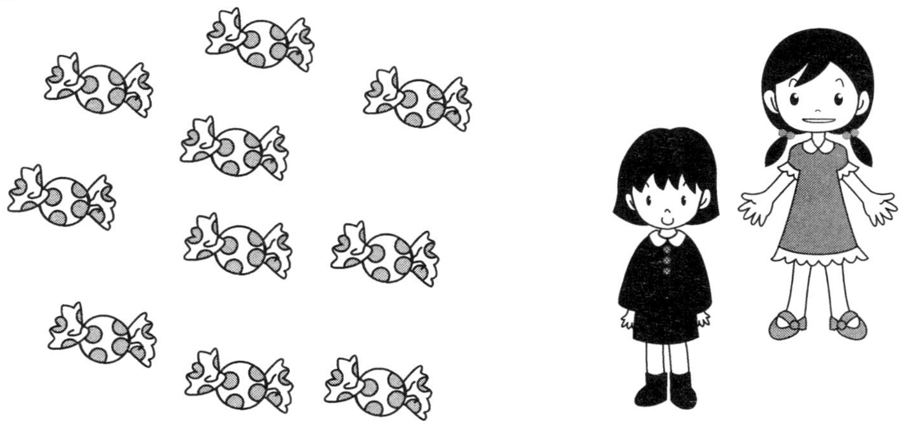

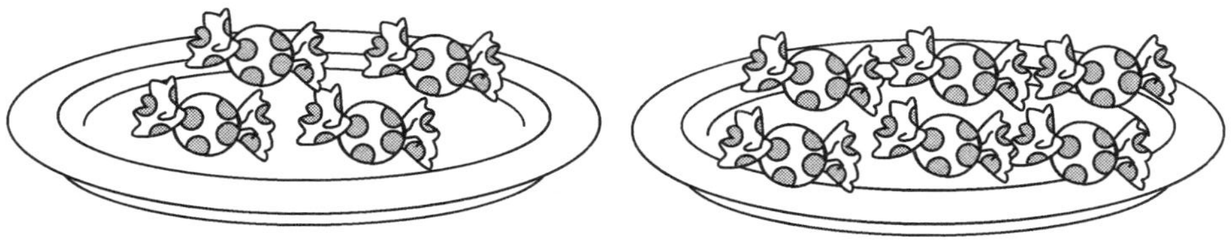

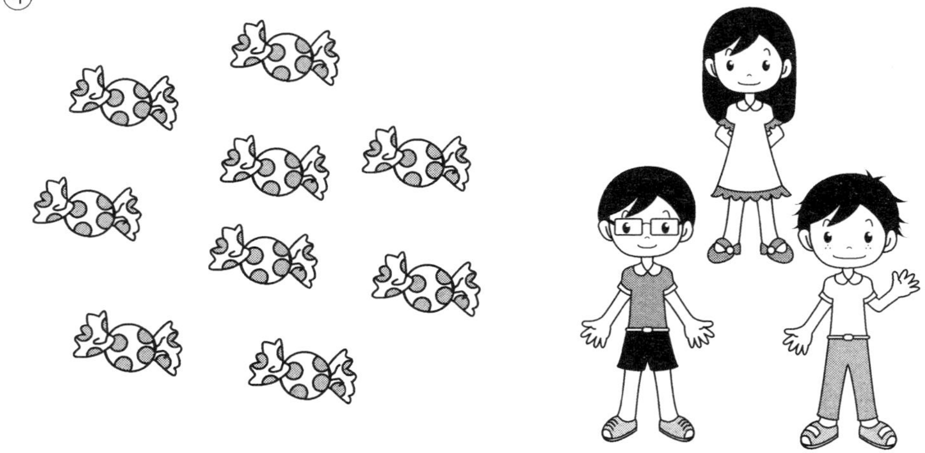

2022 年度 雙葉 過去 無断複製／転載を禁ずる 日本学習図書株式会社

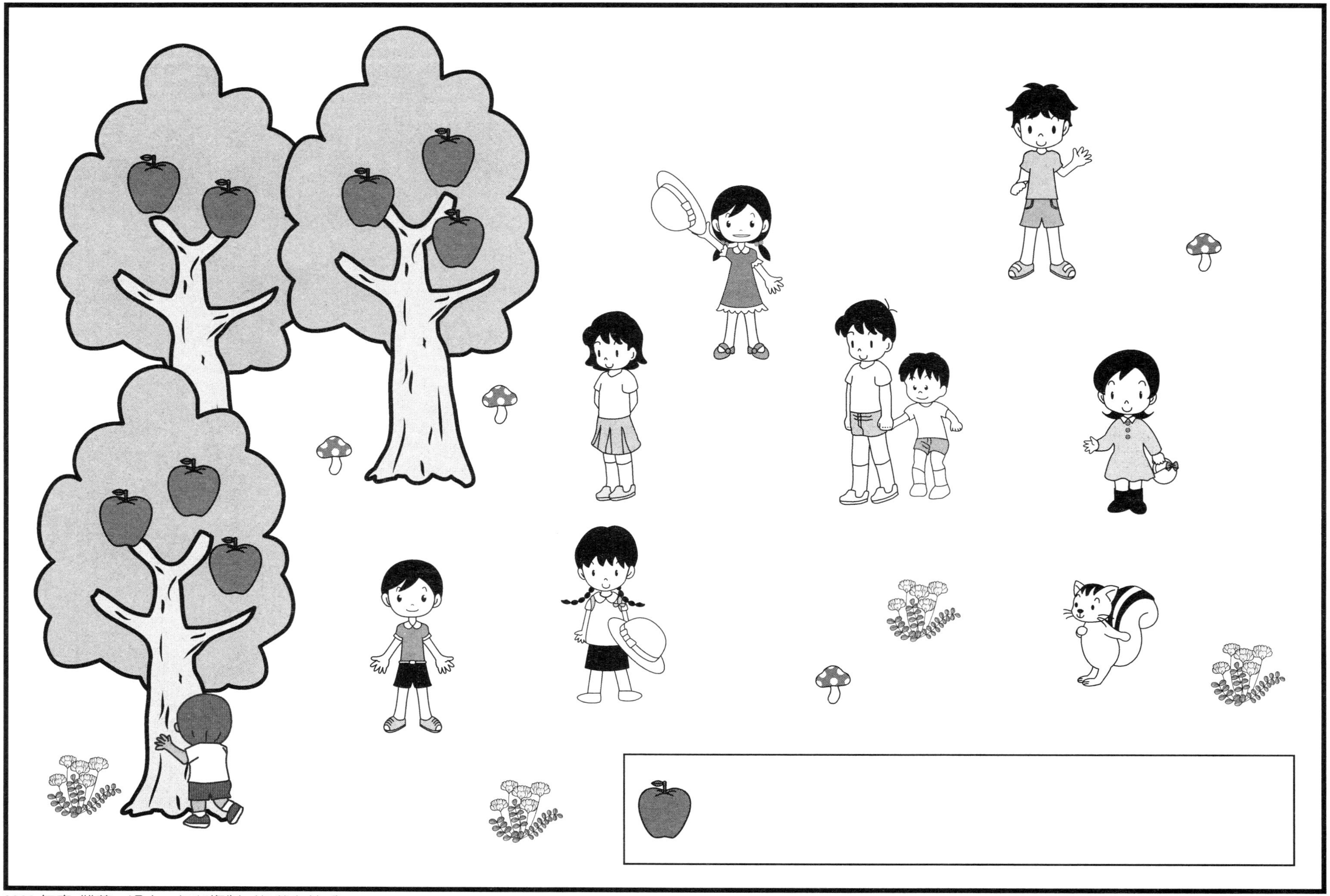

2022年度 雙葉 過去 無断複製／転載を禁ずる 日本学習図書株式会社

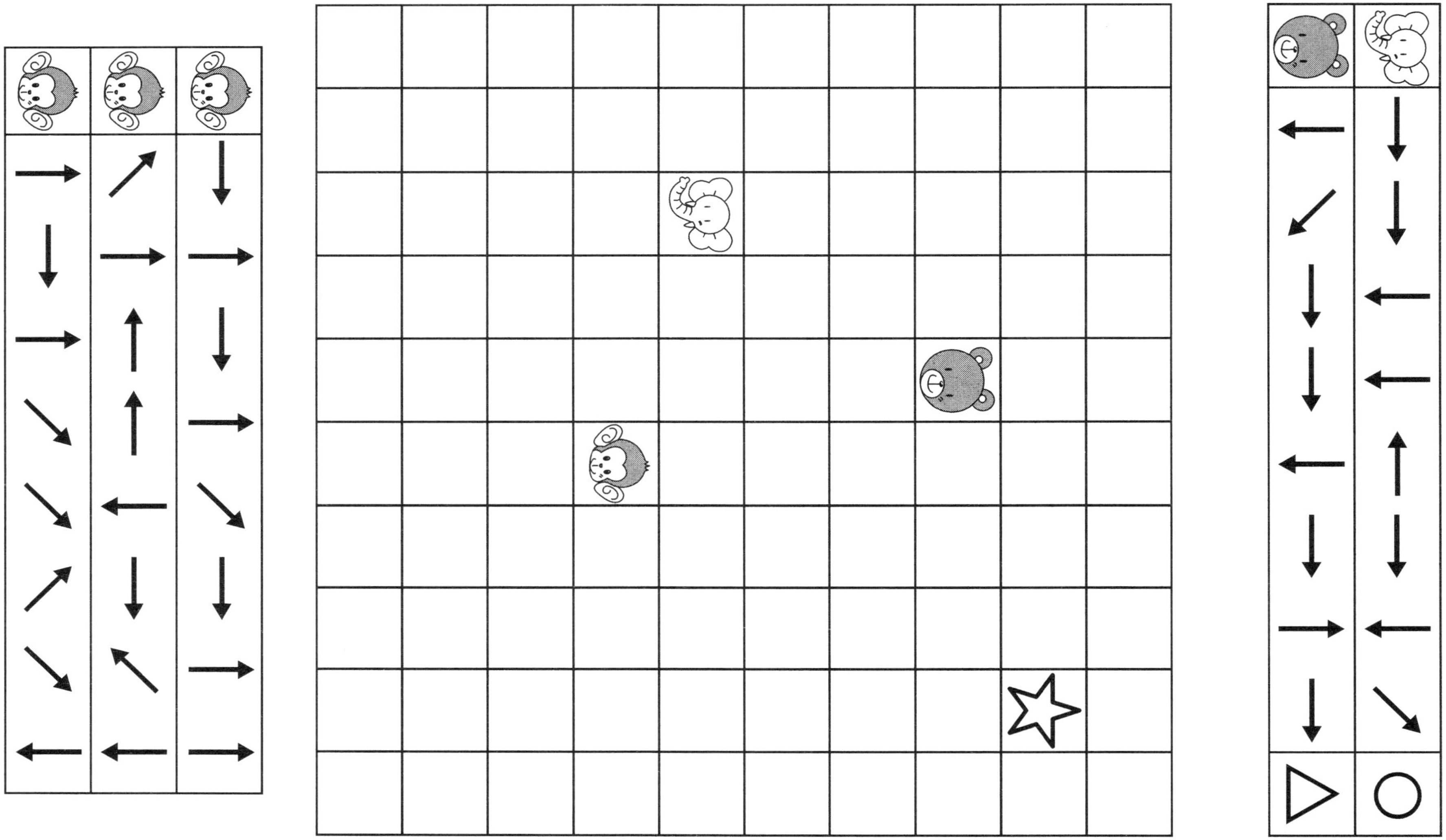

問題36

①

②

③

2022年度 雙葉 過去 無断複製／転載を禁ずる 日本学習図書株式会社

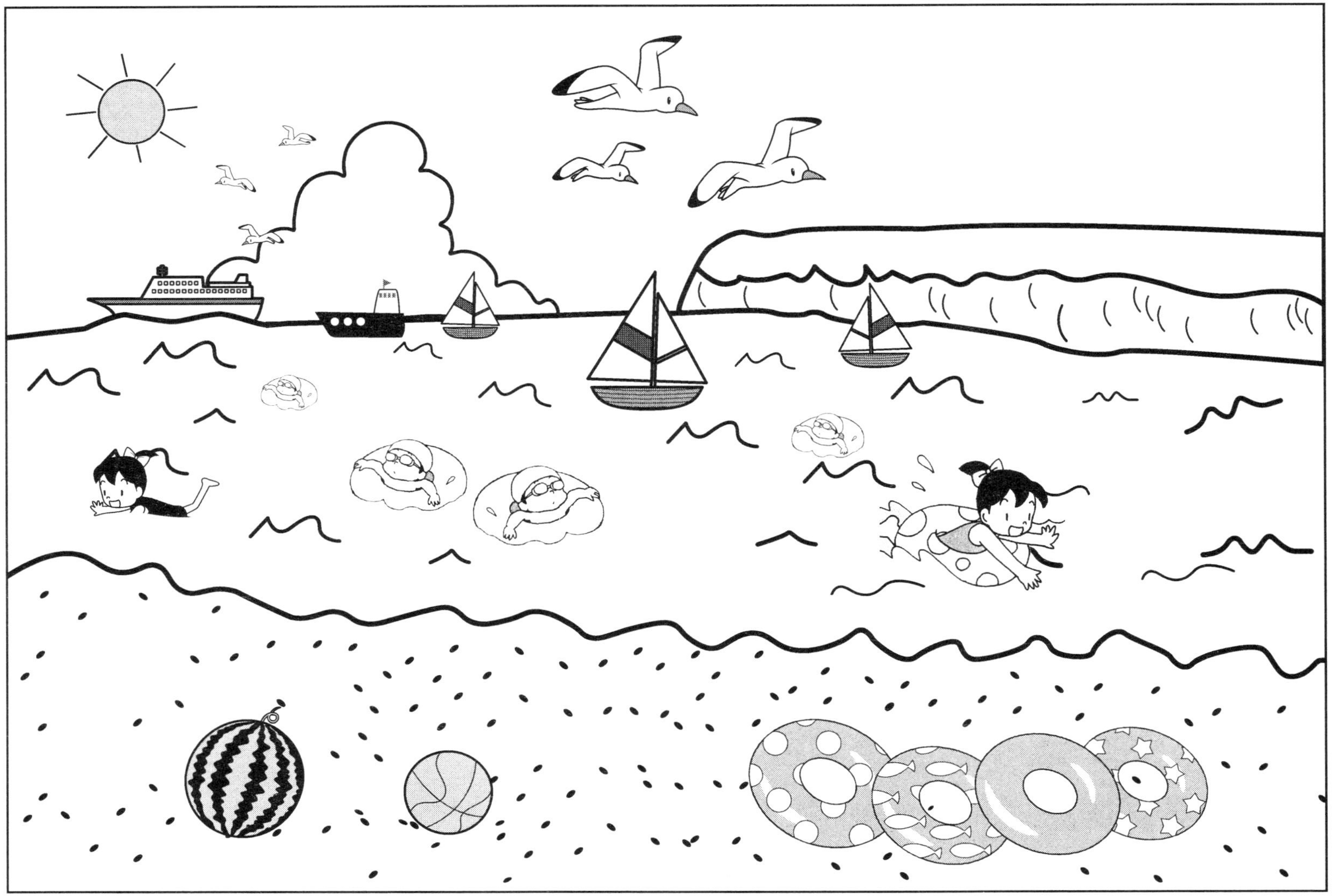

問題38

①

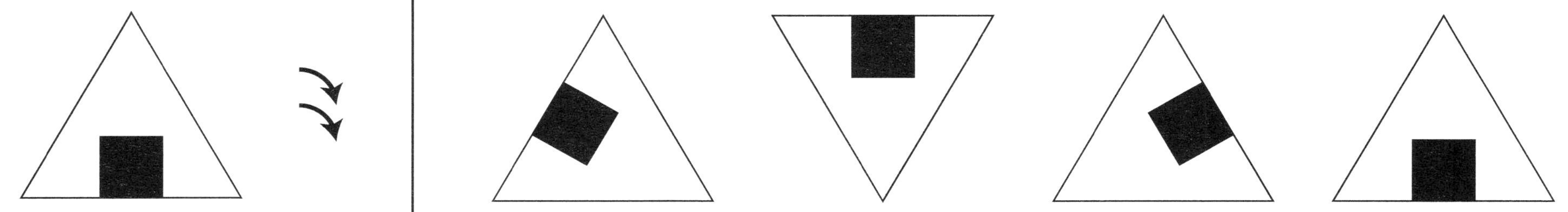

②

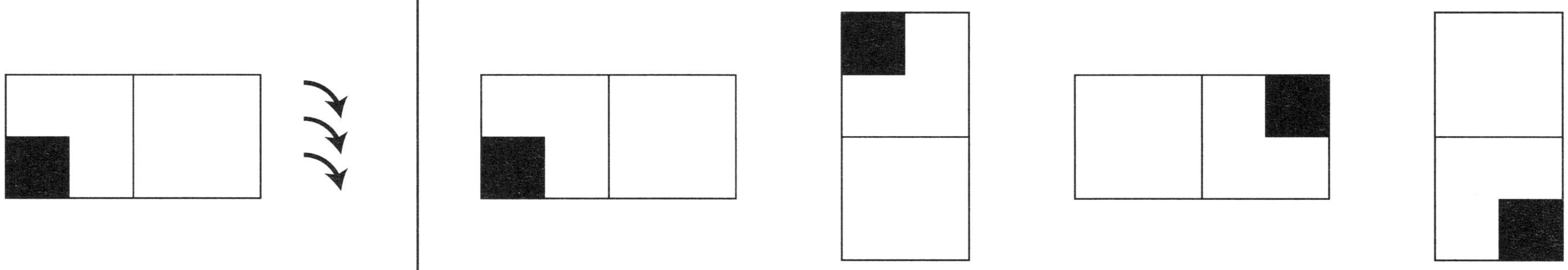

③

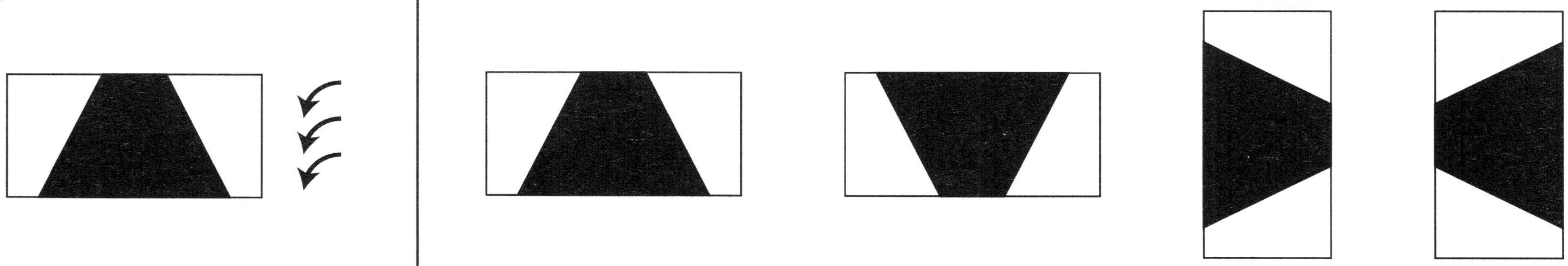

問題39

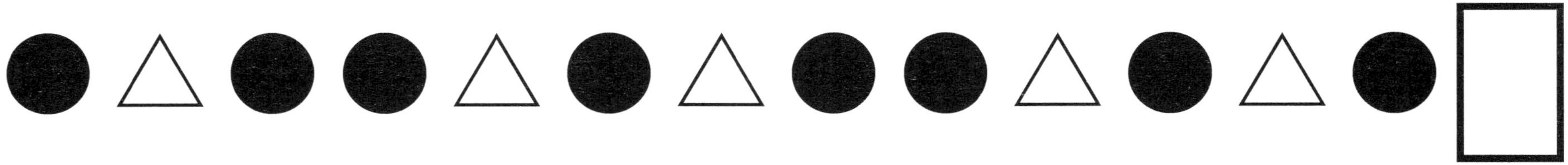

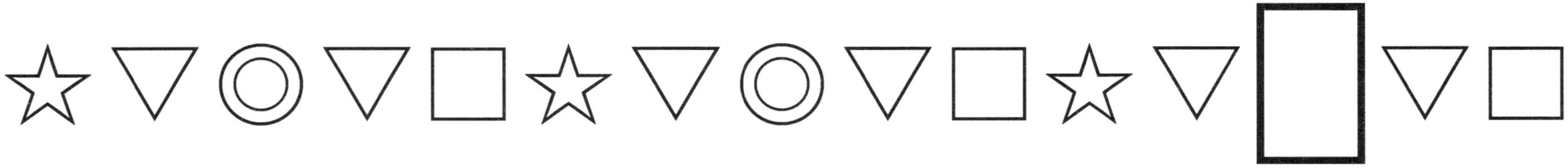

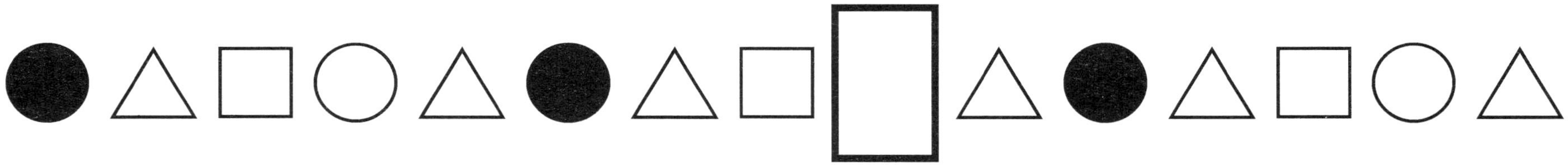

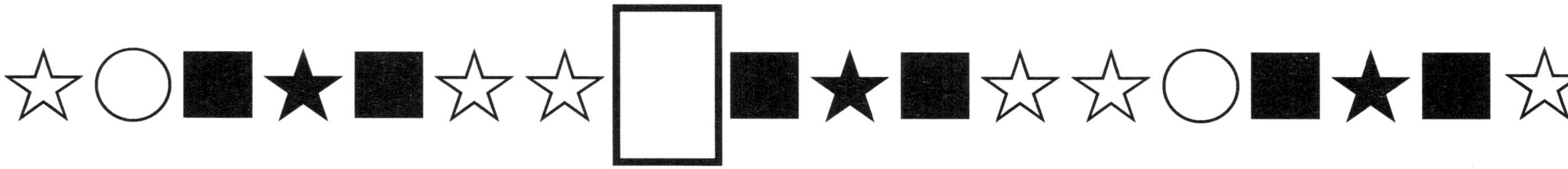

問題40

日本学習図書株式会社

問題 4 1

2022年度 雙葉 過去 無断複製／転載を禁ずる　日本学習図書株式会社

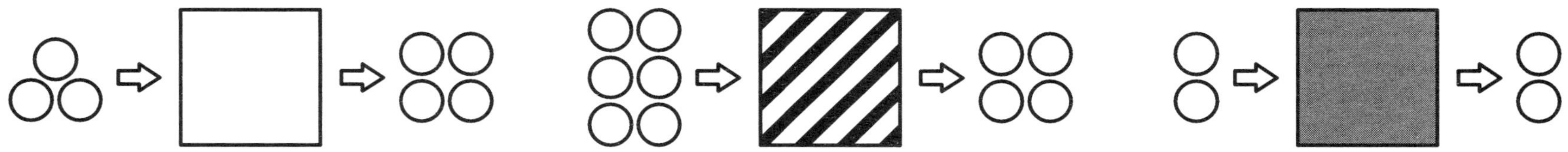

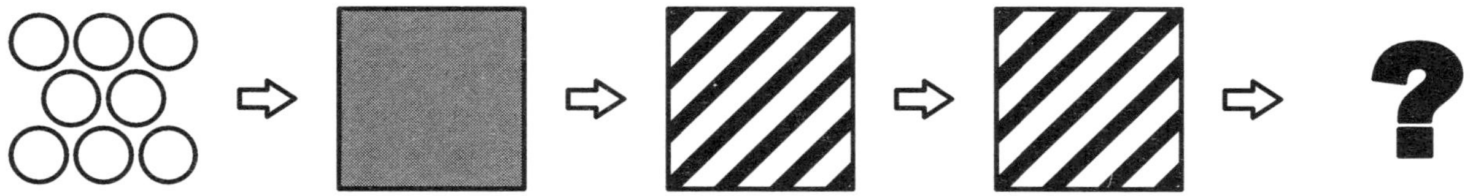

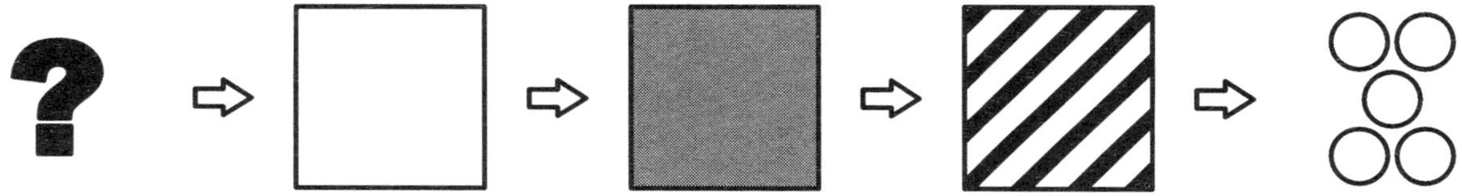

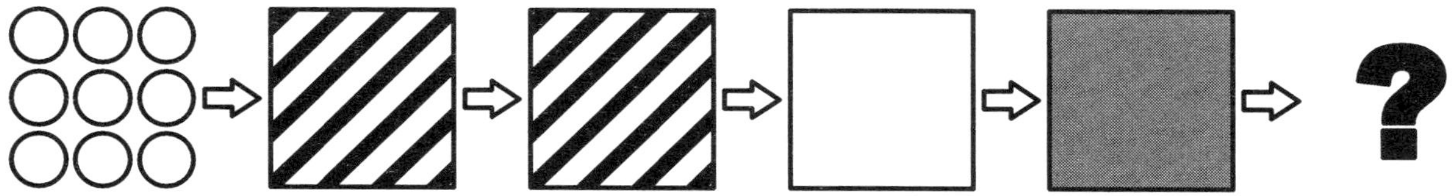

図書カード 1000 円分プレゼント

ご記入日 令和　　年　　月　　日

☆国・私立小学校受験アンケート☆

※可能な範囲でご記入下さい。選択肢は○で囲んで下さい。

〈小学校名〉＿＿＿＿＿＿＿＿＿＿＿　〈お子さまの性別〉男・女　〈誕生月〉＿＿月

〈その他の受験校〉（複数回答可）＿＿＿＿＿＿＿＿＿＿＿＿＿＿＿＿

〈受験日〉①：＿＿月＿＿日〈時間〉＿＿時＿＿分　～　＿＿時＿＿分

②：＿＿月＿＿日〈時間〉＿＿時＿＿分　～　＿＿時＿＿分

〈受験者数〉男女計＿＿名（男子＿＿名　女子＿＿名）

〈お子さまの服装〉＿＿＿＿＿＿＿＿＿＿＿＿＿＿＿＿

〈入試全体の流れ〉（記入例）準備体操→行動観察→ペーパーテスト

＿＿＿＿＿＿＿＿＿＿＿＿＿＿＿＿＿＿＿＿＿＿＿＿＿＿

Eメールによる情報提供

日本学習図書では、Eメールでも入試情報を募集しております。

下記のアドレスに、アンケートの内容をご入力の上、メールをお送り下さい。

ojuken@nichigaku.jp

●行動観察　（例）好きなおもちゃで遊ぶ・グループで協力するゲームなど

〈実施日〉＿＿月＿＿日〈時間〉＿＿時＿＿分　～　＿＿時＿＿分　〈着替え〉□有　□無

〈出題方法〉□肉声　□録音　□その他（　　　　　　）〈お手本〉□有　□無

〈試験形態〉□個別　□集団（　　　人程度）　〈会場図〉

〈内容〉

□自由遊び

＿＿＿＿＿＿＿＿＿＿＿＿＿＿＿＿＿＿＿＿

□グループ活動

＿＿＿＿＿＿＿＿＿＿＿＿＿＿＿＿＿＿＿＿

□その他

＿＿＿＿＿＿＿＿＿＿＿＿＿＿＿＿＿＿＿＿

●運動テスト（有・無）　（例）跳び箱・チームでの競争など

〈実施日〉＿＿月＿＿日〈時間〉＿＿時＿＿分　～　＿＿時＿＿分　〈着替え〉□有　□無

〈出題方法〉□肉声　□録音　□その他（　　　　　　）〈お手本〉□有　□無

〈試験形態〉□個別　□集団（　　　人程度）　〈会場図〉

〈内容〉

□サーキット運動

□走り　□跳び箱　□平均台　□ゴム跳び

□マット運動　□ボール運動　□なわ跳び

□クマ歩き

□グループ活動＿＿＿＿＿＿＿＿＿＿＿＿＿＿

□その他＿＿＿＿＿＿＿＿＿＿＿＿＿＿＿＿

●知能テスト・口頭試問

〈実施日〉　　月　　日〈時間〉　　時　　分　～　　時　　分〈お手本〉□有 □無

〈出題方法〉 □肉声 □録音 □その他（　　　　　　）〈問題数〉 ____枚 ____問

分野	方法	内　　　容	詳　細・イ　ラ　ス　ト
（例） お話の記憶	☑筆記 □口頭	動物たちが待ち合わせをする話	（あらすじ） 動物たちが待ち合わせをした。最初にウサギさんが来た。次にイヌくんが、その次にネコさんが来た。最後にタヌキくんが来た。 （問題・イラスト） ３番目に来た動物は誰か 
お話の記憶	□筆記 □口頭		（あらすじ） （問題・イラスト）
図形	□筆記 □口頭		
言語	□筆記 □口頭		
常識	□筆記 □口頭		
数量	□筆記 □口頭		
推理	□筆記 □口頭		
その他	□筆記 □口頭		

●制作　（例）ぬり絵・お絵かき・工作遊びなど

〈実施日〉＿＿月＿＿日〈時間〉＿＿時＿＿分＿＿～＿＿時＿＿分

〈出題方法〉□肉声 □録音 □その他（　　　　　　）〈お手本〉□有 □無

〈試験形態〉□個別 □集団（　　　人程度）

材料・道具	制作内容
□ハサミ □のり（□つぼ □液体 □スティック） □セロハンテープ □鉛筆 □クレヨン（　色） □クーピーペン（　色） □サインペン（　色）□ □画用紙（□ A4 □ B4 □ A3 □その他：　　　　） □折り紙 □新聞紙 □粘土 □その他（　　　　　）	□切る □貼る □塗る □ちぎる □結ぶ □描く □その他（　　　　　） タイトル：＿＿＿＿＿＿＿＿＿＿

●面接

〈実施日〉＿＿月＿＿日〈時間〉＿＿時＿＿分＿＿～＿＿時＿＿分〈面接担当者〉＿＿名

〈試験形態〉□志願者のみ（　　）名 □保護者のみ □親子同時 □親子別々

〈質問内容〉

※試験会場の様子をご記入下さい。

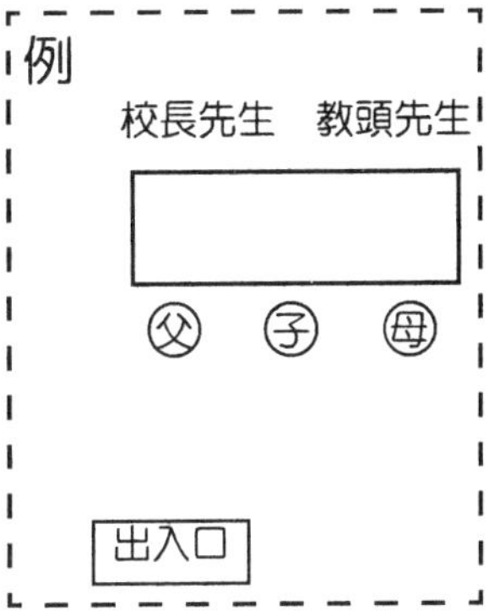

□志望動機　□お子さまの様子

□家庭の教育方針

□志望校についての知識・理解

□その他（　　　　　　　　　　　）

（　詳　細　）

・

・

・

・

●保護者作文・アンケートの提出（有・無）

〈提出日〉□面接直前 □出願時 □志願者考査中 □その他（　　　　　　　）

〈下書き〉□有 □無

〈アンケート内容〉

（記入例）当校を志望した理由はなんですか（150字）

●**説明会**（□有 □無）〈開催日〉　　月　　日〈時間〉　　時　　分　～　　時　　分

〈上履き〉　□要　□不要　〈願書配布〉　□有　□無　〈校舎見学〉　□有　□無

〈ご感想〉

●**参加された学校行事**（複数回答可）

公開授業〈開催日〉　　月　　日〈時間〉　　時　　分　～　　時　　分

運動会など〈開催日〉　　月　　日〈時間〉　　時　　分　～　　時　　分

学習発表会・音楽会など〈開催日〉　　月　　日〈時間〉　　時　　分　～　　時　　分

〈ご感想〉

※是非参加したほうがよいと感じた行事について

●**受験を終えてのご感想、今後受験される方へのアドバイス**

※対策学習（重点的に学習しておいた方がよい分野）、当日準備しておいたほうがよい物など

＊＊＊＊＊＊＊＊＊＊＊＊＊　ご記入ありがとうございました　＊＊＊＊＊＊＊＊＊＊＊＊＊

必要事項をご記入の上、ポストにご投函ください。

なお、本アンケートの送付期限は入試終了後３ヶ月とさせていただきます。また、入試に関する情報の記入量が当社の基準に満たない場合、謝礼の送付ができないことがございます。あらかじめご了承ください。

ご住所：〒＿＿＿＿＿＿＿＿＿＿＿＿＿＿＿＿＿＿＿＿

お名前：＿＿＿＿＿＿＿＿＿＿　メール：＿＿＿＿＿＿＿＿＿＿

TEL：＿＿＿＿＿＿＿＿＿＿　FAX：＿＿＿＿＿＿＿＿＿＿

ご記入頂いた個人に関する情報は、当社にて厳重に管理致します。弊社の個人情報取り扱いに関する詳細は、www.nichigaku.jp/policy.php の「個人情報の取り扱い」をご覧下さい。

分野別 小学入試練習帳 ジュニアウォッチャー

1. 点・線図形	小学校入試で出題頻度の高い『点・線図形』の模写を、難易度の低いものから段階別に幅広く練習することができるように構成。
2. 座標	図形の位置模写という作業を、難易度の低いものから段階別に練習できるように構成。
3. パズル	様々なパズルの問題を難易度の低いものから段階別に練習できるように構成。
4. 同図形探し	小学校入試で出題頻度の高い、同図形選びの問題を繰り返し練習できるように構成。
5. 回転・展開	図形などを回転、または展開したとき、形がどのように変化するかを学習し、理解を深められるように構成。
6. 系列	数、図形などの様々な系列問題を、難易度の低いものから段階別に練習できるように構成。
7. 迷路	迷路の問題を繰り返し練習できるように構成。
8. 対称	対称に関する問題を４つのテーマに分類し、各テーマごとに問題を段階別に練習できるように構成。
9. 合成	図形の合成に関する問題を、難易度の低いものから段階別に練習できるように構成。
10. 四方からの観察	もの（立体）を様々な角度から見て、どのように見えるかを推理する問題を段階別に整理し、１つの形式で複数の問題を練習できるように構成。
11. いろいろな仲間	ものや動物、植物の共通点を見つけ、分類していく問題を中心に構成。
12. 日常生活	日常生活における様々な問題を６つのテーマに分類し、各テーマごとに一つの問題形式で複数の問題を練習できるように構成。
13. 時間の流れ	『時間』に着目し、様々なものごとは、時間が経過するとどのように変化するのかということを学習し、理解できるように構成。
14. 数える	様々なものを『数える』ことから、数の多少の判定やかけ算、わり算の基礎までを練習できるように構成。
15. 比較	比較に関する問題を５つのテーマ（数、高さ、長さ、量、重さ）に分類し、各テーマごとに問題を段階別に練習できるように構成。
16. 積み木	数える対象を積み木に限定した問題集。
17. 言葉の音遊び	言葉の音に関する問題を５つのテーマに分類し、各テーマごとに問題を段階別に練習できるように構成。
18. いろいろな言葉	表現力をより豊かにするいろいろな言葉として、擬態語や擬声語、同音異義語、反意語、数詞を取り上げた問題集。
19. お話の記憶	お話を聴いてその内容を記憶、理解し、設問に答える形式の問題集。
20. 見る記憶・聴く記憶	「見て憶える」「聴いて憶える」という『記憶』分野に特化した問題集。
21. お話作り	いくつかの絵を元にしてお話を作る練習をして、想像力を養うことができるように構成。
22. 想像画	描かれてある形や景色に好きな絵を描くことにより、想像力を養うことができるように構成。
23. 切る・貼る・塗る	小学校入試で出題頻度の高い、はさみやのりなどを用いた巧緻性の問題を繰り返し練習できるように構成。
24・絵画	小学校入試で出題頻度の高い、お絵かきやぬり絵などクレヨンやクーピーペンを用いた巧緻性の問題を繰り返し練習できるように構成。
25. 生活巧緻性	小学校入試で出題頻度の高い日常生活の様々な場面における巧緻性の問題集。
26. 文字・数字	ひらがなの清音、濁音、拗音、拗長音、促音と１～20までの数字に焦点を絞り、練習できるように構成。
27. 理科	小学校入試で出題頻度が高くなりつつある理科の問題を集めた問題集。
28. 運動	出題頻度の高い運動問題を種目別に分けて構成。
29. 行動観察	項目ごとに問題提起をし、「このような時はどうか、あるいはどう対処するのか」の観点から問いかける形式の問題集。
30. 生活習慣	学校から家庭に提起された問題と思って、一問一問絵を見ながら話し合い、考える形式の問題集。

31. 推理思考	数、量、言語、常識（含理科、一般）など、諸々のジャンルから問題を構成し、近年の小学校入試問題傾向に沿って構成。
32. ブラックボックス	箱や筒の中を通ると、どのようなお約束でどのように変化するかを推理・思考する問題集。
33. シーソー	重さの違うものをシーソーに乗せた時どちらに傾くのか、またどうすればシーソーは釣り合うのかを思考する基礎的な問題集。
34. 季節	様々な行事や植物などを季節別に分類できるように知識をつける問題集。
35. 重ね図形	小学校入試で頻繁に出題されている「図形を重ね合わせてできる形」についての問題を集めました。
36. 同数発見	様々な物を数え「同じ数」を発見し、数の多少の判断や数の認識の基礎を学べるように構成した問題集。
37. 選んで数える	数の学習の基本となる、いろいろなものの数を正しく数える学習を行う問題集。
38. たし算・ひき算１	数字を使わず、たし算とひき算の基礎を身につけるための問題集。
39. たし算・ひき算２	数字を使わず、たし算とひき算の基礎を身につけるための問題集。
40. 数を分ける	数を等しく分ける問題です。等しく分けたときに余りが出るものもあります。
41. 数の構成	ある数がどのような数で構成されているか学んでいきます。
42. 一対多の対応	一対一の対応から、一対多の対応まで、かけ算の考え方の基礎学習を行います。
43. 数のやりとり	あげたり、もらったり、数の変化をしっかりと学びます。
44. 見えない数	指定された条件から数を導き出します。
45. 図形分割	図形の分割に関する問題集。パズルや合成の分野にも通じる様々な問題を集めました。
46. 回転図形	「回転図形」に関する問題集。やさしい問題から始め、いくつかの代表的なパターンから、段階を踏んで学習できるよう編集されています。
47. 座標の移動	「マス目の指示通りに移動する問題」と「指示された数だけ移動する問題」を収録。
48. 鏡図形	鏡で左右反転させた時の見え方を考えます。平面図形から立体図形、文字、絵まで。
49. しりとり	すべての学習の基礎となる「言葉」を学ぶこと、特に「語彙」を増やすことに重点をおき、さまざまなタイプの「しりとり」問題を集めました。
50. 観覧車	観覧車やメリーゴーラウンドなどを舞台にした「回転系列」の問題集。「推理思考」分野の問題ですが、要素として「図形」や「数量」も含みます。
51. 運筆①	鉛筆の持ち方を学び、点線なぞり、お手本を見ながらの模写で、線を引く練習をします。
52. 運筆②	運筆①からさらに発展し、「欠所補完」や「迷路」などを楽しみながら、より複雑な鉛筆運びを習得することを目指します。
53. 四方からの観察 積み木編	積み木を使用した「四方からの観察」に関する問題を練習できるように構成。
54. 図形の構成	見本の図形がどのような部分によって形づくられているかを考えます。
55. 理科②	理科的知識に関する問題を集中して練習する「常識」分野の問題集。
56. マナーとルール	道路や駅、公共の場でのマナー、安全や衛生に関する常識を学べるように構成。
57. 置き換え	さまざまな具体的・抽象的事象を記号で表す「置き換え」の問題を扱います。
58. 比較②	長さ・高さ・体積・数などを数学的な知識を使わず、論理的に推測する「比較」の問題を練習できるように構成。
59. 欠所補完	線と線のつながり、欠けた絵に当てはまるものなどを求める「欠所補完」に取り組める問題集です。
60. 言葉の音（おん）	しりとり、決まった順番の音をつなげるなど、「言葉の音」に関する問題に取り組める練習問題集です。

家庭学習をトータルサポート！ ニチガクのオリジナル 効果的 学習法

1 まずはアドバイスページを読む！

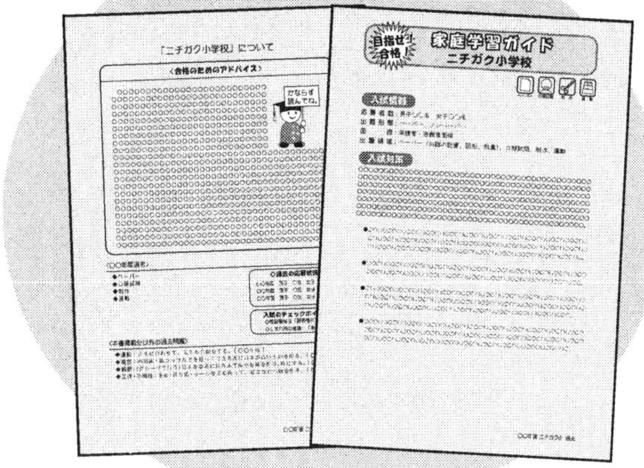

ピンク色です

対策や試験ポイントがぎっしりつまった「家庭学習ガイド」。しっかり読んで、試験の傾向をおさえよう！

2 問題をすべて読み、出題傾向を把握する

3 「学習のポイント」で学校側の観点や問題の解説を熟読

4 はじめて過去問題にチャレンジ！

5 プラスα 対策問題集や類題で力を付ける

過去問のこだわり

最新問題は問題ページ、イラストページ、解答・解説ページが独立しており、お子さまにすぐに取り掛かっていただける作りになっています。
ニチガクの学校別問題集ならではの、学習法を含めたアドバイスを利用して効率のよい家庭学習を進めてください。

各問題のジャンル

問題7 分野：図形（図形の構成） Aグループ男子

〈解答〉 下図参照

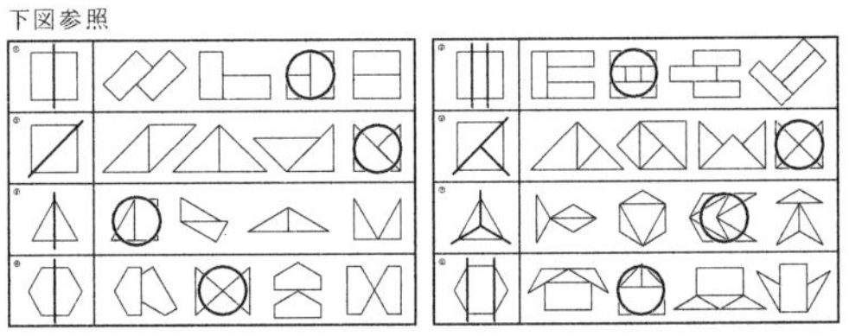

図形の構成の問題です。解答時間が圧倒的に短いので、直感的に答えないと全問答えることはできないでしょう。例年ほど難しい問題ではないので、ある程度準備をしたお子さまなら可能のはずです。注意すべきなのはケアレスミスで、「できないものはどれですか」と聞かれているのに、できるものに○をしたりしてはおしまいです。こういった問題では基礎とも言える問題なので、もしわからなかった場合は基礎問題を分野別の問題集などでおさらいしておきましょう。

【おすすめ問題集】
★ニチガク小学校図形攻略問題集①②★（書店では販売しておりません）
Jr・ウォッチャー9「合成」、54「図形の構成」

学習のポイント

各問題の解説や学校の観点、指導のポイントなどを教えます。
今日から保護者の方が家庭学習の先生に！

おすすめ対策問題集

分野ごとに対策問題集をご紹介。苦手分野の克服に最適です！
＊専用注文書付き。

2022年度版 雙葉小学校 過去問題集

発行日 2021年7月30日
発行所 〒162-0821 東京都新宿区津久戸町 3-11-9F
日本学習図書株式会社
電 話 03-5261-8951 ㈹

ISBN978-4-7761-5346-7
C6037 ¥2000E

9784776153467

定価 2,200円
（本体 2,000円＋税 10%）

1926037020004

詳細は http://www.nichigaku.jp 日本学習図書 検索